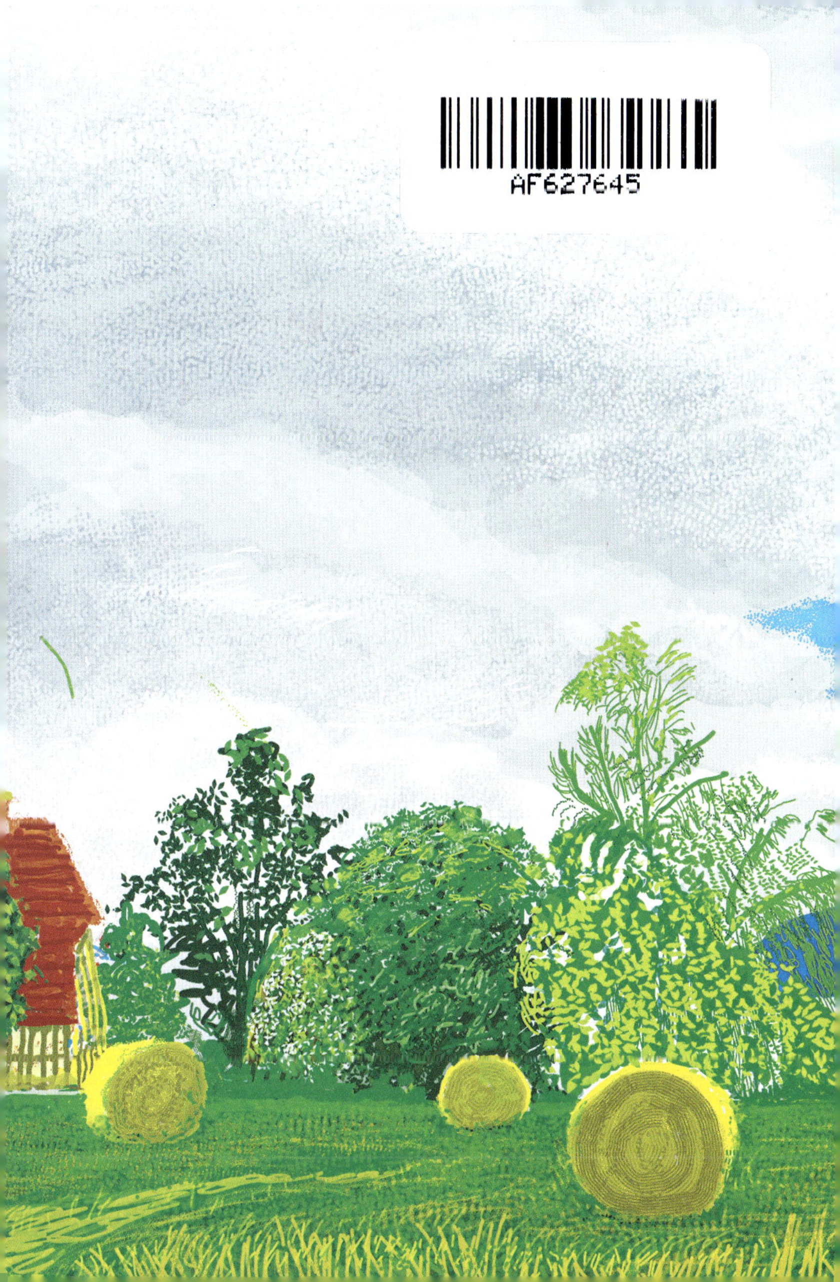

Ich war schon immer ein Schauender

... das ist es, was Künstler tun.

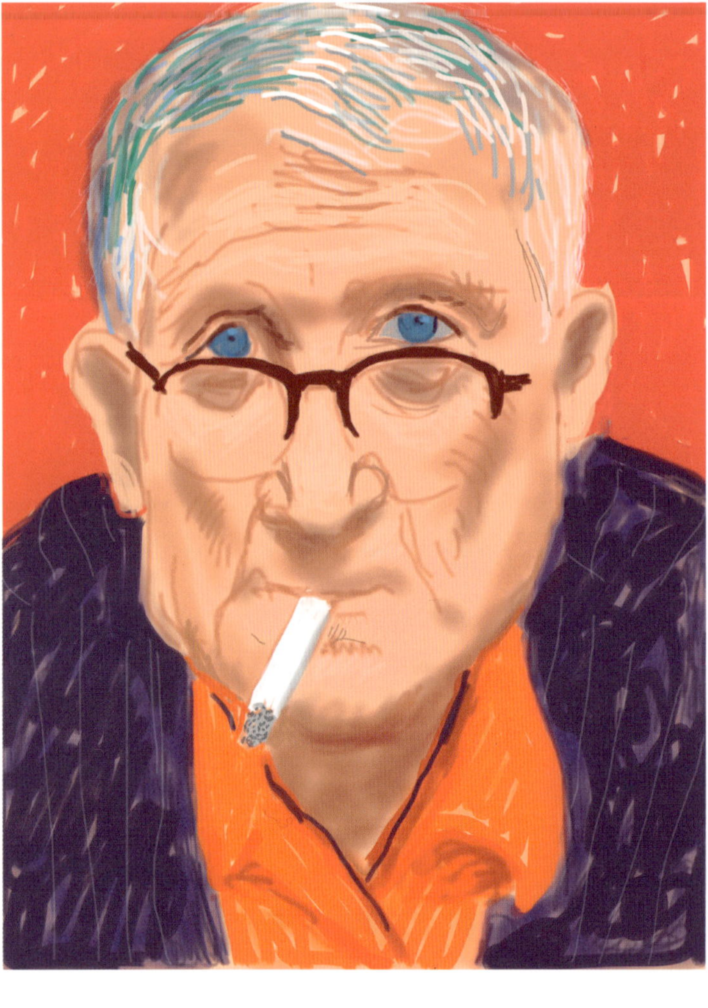

DAVID HOCKNEY

UND WIE ER DIE WELT SIEHT

Einleitung von
Martin Gayford

mit 39 Illustrationen

PRESTEL
MÜNCHEN · LONDON · NEW YORK

Umschlag und Vorsatzpapier: *3rd August 2020*, iPad-Zeichnung (Details)

Nachsatzpapier: *Mulholland Drive: The Road to the Studio*, 1980
Acryl auf Leinwand, 218,4 x 617,2 cm (Detail)
Foto: Richard Schmidt. Los Angeles County Museum of Art (LACMA)

Die englische Originalausgabe ist bei Thames & Hudson, London erschienen:

Herausgeber: Martin Gayford
Mitherausgeber: Andrew Brown
Recherche: Camilla Rockwood

Für die deutsche Ausgabe:

Projektleitung Prestel: Katharina Haderer
Projektmanagement, Lektorat und Satz: Juliane Steinbrecher
Übersetzung ins Deutsche: Dominik Fehrmann
Herstellung: Luisa Klose

FSC
www.fsc.org
MIX
Papier | Fördert gute Waldnutzung
FSC® C008047

Penguin Random House Verlagsgruppe FSC® N001967

Printed in China
ISBN 978-3-7913-7757-5
www.prestel.de

INHALT

EINLEITUNG

von Martin Gayford

In einem Karton auf meinem Dachboden gibt es eine Tonaufnahme des allerersten Gesprächs, das ich mit David Hockney geführt habe. Es fand im Herbst 1995 statt, als ich ihn im Vorfeld einer Ausstellung in der Londoner Royal Academy of Arts interviewte. Wir waren uns nie zuvor begegnet, und wahrscheinlich musste er an jenem Vormittag noch mit vielen anderen Journalisten sprechen. Trotzdem war er vom ersten Moment unseres Gesprächs an erstaunlich redselig – Epigramme und Erkenntnisse sprudelten ihm nur so aus dem Mund. Es waren kaum zwei Minuten unseres Gesprächs vergangen, da äußerte er, als wir übers Zeichnen sprachen, einen bemerkenswerten Gedanken – den ersten von vielen auf dieser verstaubten Kassette: »So etwas wie einen unwissenden Künstler gibt es eigentlich nicht. Wenn man Künstler ist, weiß man was.«

Das ist ein David-Hockney-Spruch par excellence: prägnant, originell und tiefsinnig. Seine Sprache ist so unverwechselbar, dass sie auch gedruckt einen eigenen

Klang hat. Liest man seine Bonmots und Beobachtungen, wie die auf den folgenden Seiten versammelten, kann man ihn fast reden hören. So wie er einen charakteristischen Strich hat – niemand zeichnet annähernd so wie Hockney –, hat er auch einen eigenwilligen Geist. Niemand denkt annähernd wie Hockney. Obendrein verfügt kaum jemand über ein solches intellektuelles und künstlerisches Selbstbewusstsein.

In meiner Transkription jener Aufnahme findet sich wenig später ein weiterer typischer Satz: »Wie üblich liegen die Leute komplett daneben!« Da ging es um Hockneys Empörung über die Einladung zu einer Diskussion der Frage »Verschwindet die Malerei von der Bildfläche?« Er hatte den Veranstaltern geantwortet, dass er schon viel über die sterbende Malerei gehört habe. Dabei verhalte es sich umgekehrt. »Es ist doch die Fotografie, die sich wandelt, und Malerei und Zeichenkunst verändern sie, denn Fotos werden ja inzwischen mit Computern bearbeitet.« Diesen Standpunkt vertritt er noch heute, knapp 30 Jahre später.

Ein weiterer Lieblingssatz Hockneys, so sein Freund Henry Geldzahler, lautet: »Ich weiß, dass ich recht habe.« (Diese Beobachtung amüsierte den Maler so, dass er eigens T-Shirts mit der Aufschrift »Ich weiß, dass ich recht habe. D. Hockney« anfertigen ließ.) Doch wie mir scheint, trifft Hockney tatsächlich oft ins Schwarze. Zum Beispiel ist es zweifellos richtig, dass es so etwas wie unwissende Künstler nicht gibt – zumindest keine halbwegs guten. Ein guter Künstler muss die Welt begreifen: wie sie ist, wie sie funktioniert. Es mag sich um ein intuitives, nicht auf akademischer Bildung beruhendes Verständnis handeln, doch es muss vorhanden sein. Und Hockney hat es definitiv. Aber noch vieles mehr. Auch wenn es keine unwissenden Künstler gibt, so gibt es doch unbeholfen agierende – und solche, deren Vorstellungen zu komplex oder verschlüsselt sind, um leicht verständlich zu sein. Auf Hockney trifft das eindeutig nicht zu. Er zählt mit Vincent van Gogh, John Constable und Andy Warhol zu einer erlesenen Gruppe bildender Künstler, deren Sinn für Sprache so scharf ist wie ihr Blick für Strich und Farbe.

Auch wenn Hockney mehrere Bücher verfasst hat, versteht er sich selbst als Maler, nicht als Autor. Gleichwohl ist er ganz einfach ein brillanter Redner. Wenn er sich außerhalb seines Ateliers entspannt, liest er ständig Sachbücher, Lyrik und Prosa, und diese Lektüre dürfte ihm geholfen haben, dieses so eigene wie genaue Sprachgefühl zu entwickeln.

Künstler sind auch nicht unbedingt weise. Die Lebensgeschichten vieler Maler und Bildhauer legen eher das Gegenteil nahe. Doch Hockney scheint einen eingebauten Kompass zu haben – nicht nur für seinen künstlerischen Weg, sondern auch dafür, wie er sein Leben lebt. Natürlich würde er sofort einwenden, dass wir alle unterschiedlich sind und nicht jeder – oder überhaupt irgendjemand – seine Vorlieben teilt. Wer fände schon Gefallen daran, stundenlang zuzusehen, wie Regentropfen auf eine Pfütze fallen? Oder könnte sich so sehr ins Zeichnen eines blühenden Obstbaums versenken, dass er darüber jedes Zeitgefühl verliert? Trotz alledem sind Hockneys Anmerkungen über die menschliche Existenz ebenso scharfsinnig wie seine Gedanken über das Zeichnen oder die Fotografie.

Seine Denkweise ist von Natur aus philosophisch und seine Ausdrucksweise herrlich bodenständig. Wenn er sagt, dass man zum Rand des Universums ebenso gut mit einem Bus wie mit einem Raumschiff aufbrechen könne, hat er nicht nur in astrophysikalischer Hinsicht Recht. Er drückt es obendrein noch unvergesslich aus. Hockney ist das genaue Gegenteil eines Unwissenden. Er ist ein Gebildeter, ein Geistesmensch und Universalgelehrter. Doch wenn er redet – wie wenn er zeichnet, malt oder auf andere Art ein Bild erschafft –, kommuniziert er so klar und charmant, dass man all dies vergisst. Und wie Sie beim weiteren Lesen feststellen werden, ist er praktisch unfähig, etwas Langweiliges zu äußern.

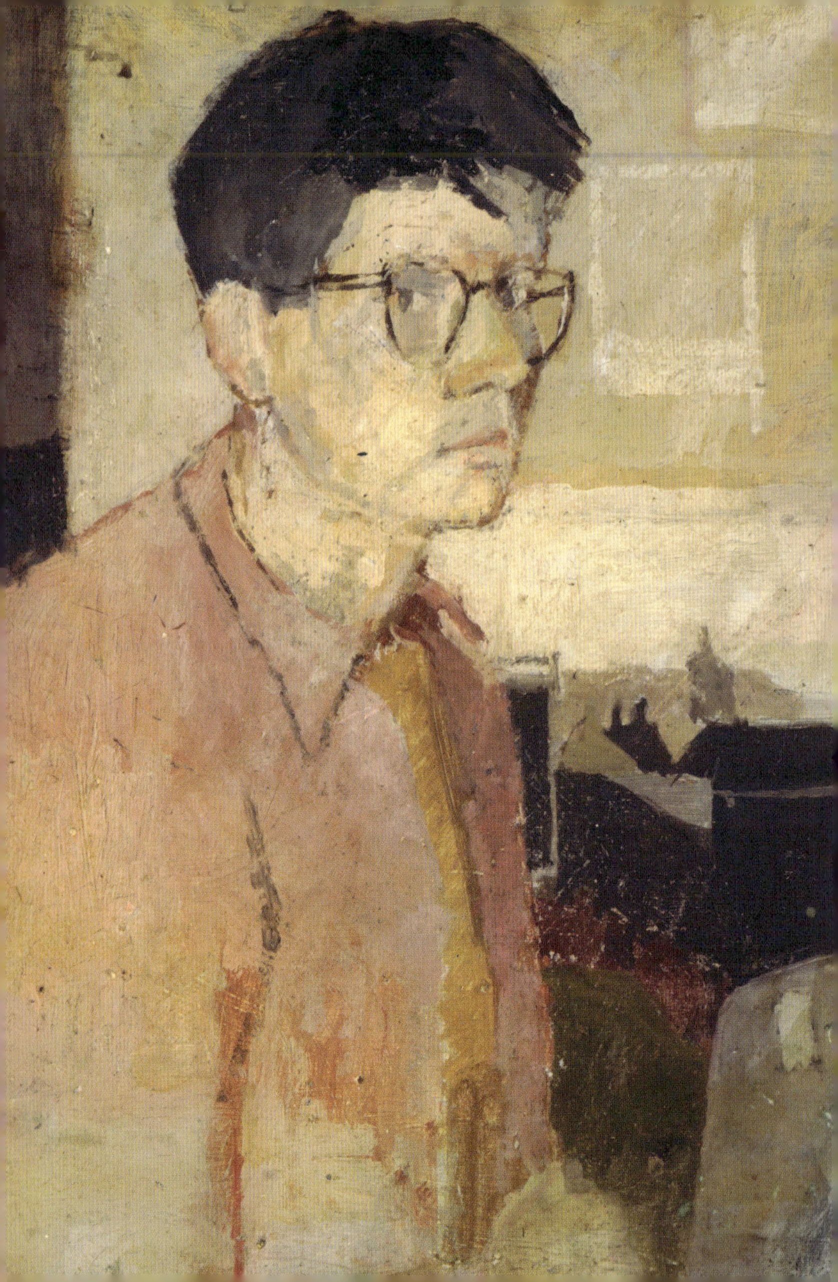

HOCKNEY ÜBER HOCKNEY *...FRÜHER*

Was bildet
man ab?
Das war eine
der großen
Fragen, als ich
jung war.

Ich wurde kurz vorm Zweiten Weltkrieg geboren und damals reiste man nicht viel. Niemand aus unserem Bekanntenkreis war auch nur in London gewesen – das war ganz, ganz weit weg.

*

Als Kind radelte ich oft zur Kathedrale von York und stieg bis hoch in den Turm hinauf. Sie kam mir sehr alt vor. Aber wenn man im Luxor-Tempel sitzt, erscheint einem etwas 600 Jahre Altes geradezu modern.

*

In Bradford war das Licht meist grau. In den Kinofilmen hatte ich die Schatten bemerkt und wusste daher, dass Hollywood ein sonniger Ort war, also wollte ich da hin. Wie van Gogh nach Arles.

*

Zuerst malte ich nur in unmittelbarer Umgebung meiner Wohnung. Irgendwann nahm ich einen Kinderwagen, die Farben hinein und schob ihn draußen vor mir her, was die Sache sehr erleichterte.

*

La Bohème war die erste Oper, die ich je gesehen habe, so um 1949 in Bradford. Ich hatte damals keine Ahnung von der Musik, aber ich mochte sie.

Bradford war eine düstere Stadt mit Gebäuden schwarz von der Kohle. 1959 bin ich fortgezogen und nie wirklich zurückgekehrt.

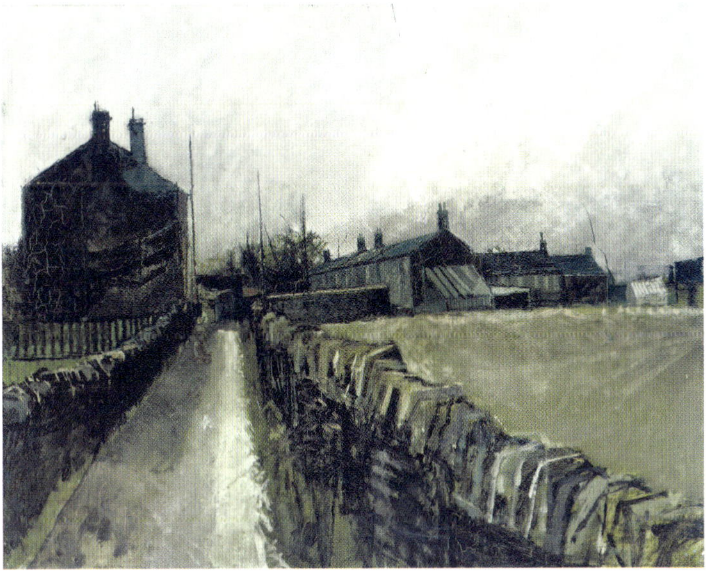

Tunwell Lane, 1957, Öl auf Leinwand, 73,7 x 91,4 cm

Ich war 18 als ich zum ersten Mal nach London kam. In King's Cross angekommen rannte ich sofort raus, um die roten Omnibusse zu sehen und alles andere, das nicht wie Bradford aussah.

*

Ich besuchte viele kleine Museen in London, weil ich dachte, ich hätte so einiges nachzuholen. Ich bin in jedem noch so kleinen Londoner Museum gewesen.

*

Schwer zu sagen, warum ich beschloss, Künstler werden zu wollen. Offensichtlich hatte ich eine gewisse Begabung, mehr als andere Menschen, aber Begabungen ergeben sich manchmal daraus, dass man sich mehr dafür interessiert, Dinge zu betrachten, zu untersuchen und darzustellen – dass man sich mehr für die visuelle Welt interessiert als andere Menschen.

*

Am Royal College of Art haben sich Leute oft wegen meiner Herkunft aus Yorkshire und meines Dialekts über mich lustig gemacht, mit Sprüchen wie »Trouble at t'mill, Mr Ormondroyd«. Ich ignorierte das, aber manchmal sah ich mir ihre Zeichnungen an und dachte: »Wenn ich so zeichnen würde, hielte ich lieber die Klappe.«

Als ich zur Kunstakademie ging, sagte mir ein Sitznachbar: »Einige Leute an der Akademie arbeiten kein bisschen. Diese faulen Säcke.« Und ich sagte: »Oh, keine Bange, ich werde schon arbeiten.« Was ich auch tat.

Das einzig Gute an »Swinging London« war, dass es eine Menge Energie von Kindern aus der Arbeiterklasse freisetzte.

*

Ich weiß noch, wie ich als Student eine Ausgabe von Tolstois *Was ist Kunst?* fand und naiv erwartete, dass er auf Seite 12 sagen würde, was sie sei. Inzwischen ist mir klar, dass sich diese Frage nicht umfassend beantworten lässt.

*

Mir wurde klar, dass alles zum Sujet eines Gemäldes werden konnte – alles war Material, das sich nutzen ließ. Schon allein das gab mir das Gefühl, frei zu sein.

*

In meinem Atelier am Royal College hatte ich eine Teekanne und eine Tasse und kaufte mir Milch in Flaschen und viele Packungen Tee – immer nur Typhoo-Tee, den Lieblingstee meiner Mutter. Die Teepackungen häuften sich an, zwischen Farbdosen und -tuben, und lagen ständig überall herum ... Näher bin ich der Pop-Art nie gekommen.

*

Auf die Kommode am Fußende meines Bettes schrieb ich, weil es das erste war, das ich morgens beim Aufwachen sah: »Steh auf und mach dich gleich an die Arbeit«.

Um 1963 merkte ich, dass ich vom Verkauf meiner Arbeiten leben konnte. Und ich dachte mir: »Okay, dann bist du ja reich!«

*

In den 1960ern waren die Leute davon überzeugt, dass die Malerei den Weg der Abstraktion einschlagen müsse. Dass ihr nichts anderes übrig bleibe. Sogar mir schien das so, und es schien mir auch noch so, als ich mich in der Praxis davon schon abwendete.

*

Mir ist der Moment noch genau in Erinnerung, in dem ich erkannte, dass die Gestalt des Bildes ihm deutlich mehr Kraft verlieh.

*

Über Diaghilew hatte ich gehört, dass er homosexuell sei und es völlig akzeptierte, und ich dachte, das mache ich genauso: es einfach akzeptieren.

*

Diese [frühen] Bilder propagierten ein Sujet, das vor allem unter Studenten noch nicht propagiert worden war, nämlich »Homosexualität«. Ich fand, das sollte man machen. Niemand sonst thematisierte sie, aber da sie ein Teil von mir war, konnte ich humorvoll mit diesem Sujet umgehen.

Als ich sehr jung war, wusste ich, dass Schwule gewisse Dinge verbergen, und das wollte ich nicht. Ich dachte mir: »Ich werde doch nur Künstler sein, ich muss ehrlich sein«.

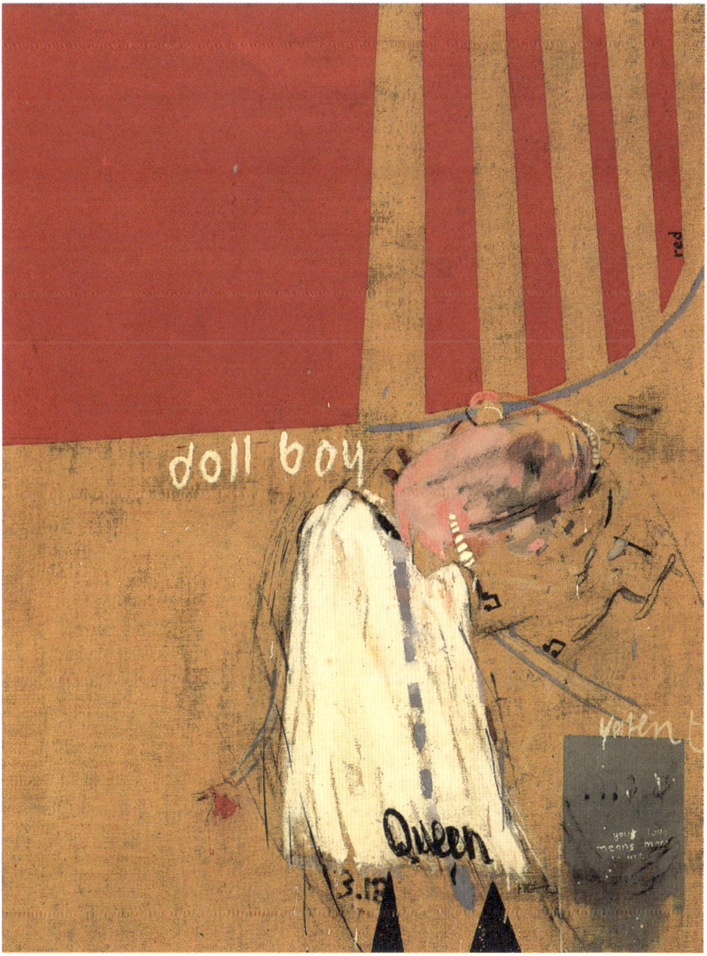

Doll Boy, 1960/61, Öl auf Leinwand, 121,9 x 99 cm

[New York] war sehr anregend, die Schwulenbars – damals gab es ja noch nicht so viele. Es war eine herrlich lebendige Gesellschaft. Ich habe in jener Zeit eine Menge Zeichnungen gemacht.

*

Das langweilige alte England. Du darfst dies nicht tun, kannst das nicht tun. Deshalb bin vor so vielen Jahren nach Kalifornien gegangen.

*

In meiner Vorstellung war Kalifornien das sonnige Land der Filmstudios und schönen, halbnackten Menschen.

*

Gleich in meiner ersten Woche in L. A. – ich kannte da noch keine Seele – machte ich den Führerschein, kaufte mir ein Auto, fand ein Atelier und begann zu malen. Und ich dachte: »Genau so hast du es dir vorgestellt.«

*

Kalifornien hat ein sehr klares Licht. Manchmal kann man mehr als 100 Kilometer weit sehen. Es ist sehr, sehr klar, und das liebte ich daran.

*

Kalifornien hat mir immer gutgetan.

Kalifornien war
der Ort, an den ich
immer wieder
geflüchtet bin.

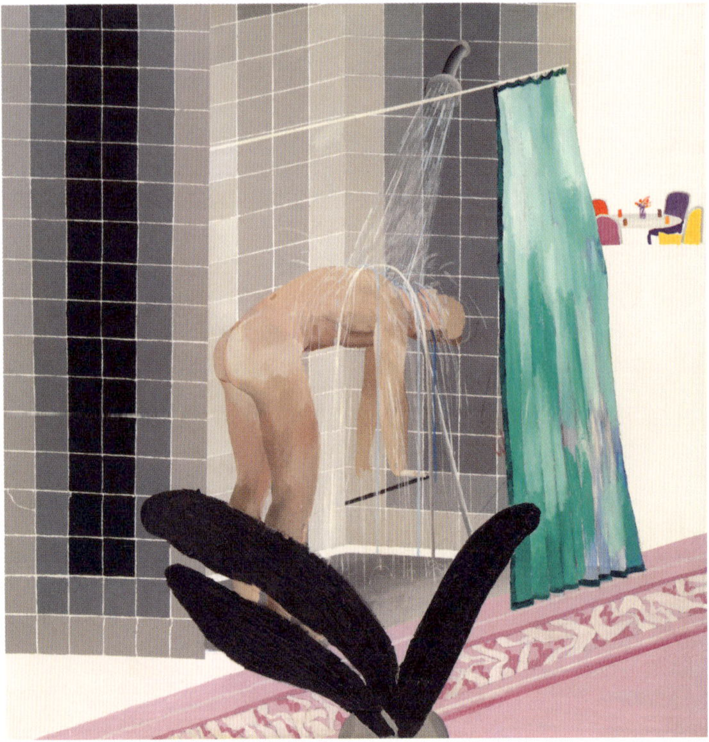

Man in Shower in Beverly Hills, 1964, Acryl auf Leinwand, 166,4 x 166,4 cm

Für einen Künstler sind Duschen von naheliegendem Interesse: Zu sehen ist immer ein kompletter Körper in meist anmutiger Bewegung, da die duschende Person ihren Körper streichelt.

Mich reizte die Idee, sich bewegendes Wasser sehr langsam und sorgfältig zu malen.

*

Im Sommer 1975 fuhr ich für einen Monat nach The Pines auf Fire Island – quasi ein verrückter Urlaubsort für Schwule. Ich hatte eine tolle Zeit.

*

Ägypten ist eines der spannendsten Länder, die ich kenne … In Luxor, wo es herrliche Sonnenuntergänge gibt, saß ich manchmal nur da und betrachtete den Fluss … So etwas regt meine Fantasie immer sehr an. Ich habe dort ständig gezeichnet.

*

Als ich allein am Ufer des Nils saß, dachte ich, dass wir womöglich in einem sehr überheblichen Zeitalter leben. Solche Gedanken kommen einem in Ägypten, weil man es hier mit so langen historischen Zeiträumen zu tun hat.

*

In China fiel mir auf, dass meine Zeichnungen mit der Zeit immer chinesischer wurden: Irgendwann fing ich an, mit Pinseln Tusche zu verspritzen.

Immer wenn
ich England
verließ, wurden
die Farben in
meinen Bildern
intensiver.

Kalifornien hatte immer einen farblichen Einfluss auf mich. Wegen des Lichts sieht man mehr Farbe … Das Leben ist hier farbenfroher.

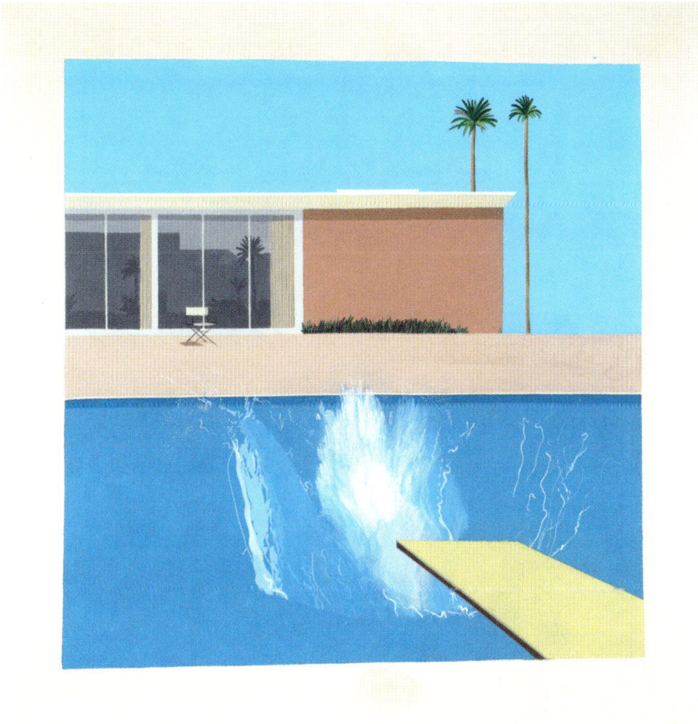

A Bigger Splash, 1967, Acryl auf Leinwand, 243,8 x 243,8 cm

Die Arbeit am Theater ist vergänglich. Ich fertige zwar Modelle an, aber die Modelle sind nichts, die Bühnenbilder sind nichts, ohne die Musik.

*

Von meiner Arbeit am Theater habe ich immer profitiert und nie auch nur eine Minute dieser Zeit bereut.

*

Beim Bühnenbild geht es darum, verschiedene Arten von Perspektiven zu schaffen, wobei diese Perspektiven nie ganz real sein dürfen, denn sie sollen ja eine Illusion erzeugen. Darum mochte ich es, Bühnenbilder für Opern zu gestalten.

*

Ich war gerade in ein kleines Haus in Malibu gezogen, erkundete mit dem Auto die Gegend und hörte dabei sehr laut Wagner. Plötzlich dachte ich: »Mein Gott! Die Musik passt zu diesen Bergen.«

*

1982 ließ ich die Terrasse meines Hauses blau streichen. Die Anstreicher hielten mich für verrückt. Aber als sie fertig waren, haben sie gesehen, wie gut es war.

Bei einer Oper
geht es einzig
um die Musik;
wenn die nichts
taugt, ist es egal,
welche Geschichte
erzählt wird.

Ich habe mich mal für einen Hedonisten gehalten, aber wenn ich zurückblicke, habe ich eigentlich immer gearbeitet. Ich arbeite jeden Tag. Ich gebe nie Partys.

Ich kenne viele Menschen, die nur für Sex leben. Die wollen ständig jemand Neuen haben, was es zu einem Fulltime-Job macht. Da bleibt keine Zeit mehr für irgendeine andere Arbeit.

*

In Paris kam mal jemand von *The Advocate* vorbei, einem Schwulenmagazin. Dem musste ich sagen: »Sex spielt in meinem Leben gar keine dominante Rolle.«

*

Wenn Leute immer noch so tun, als sei Sex etwas Bahnbrechendes, sage ich: »Na ja, eigentlich ist es das nicht mal annähernd.«

*

Aids veränderte New York. 1983 starb erstmals eine Person an Aids, die ich kannte. In den folgenden zehn Jahren waren es eine Menge Leute. Würden sie alle noch leben, wäre New York wohl ein anderer Ort.

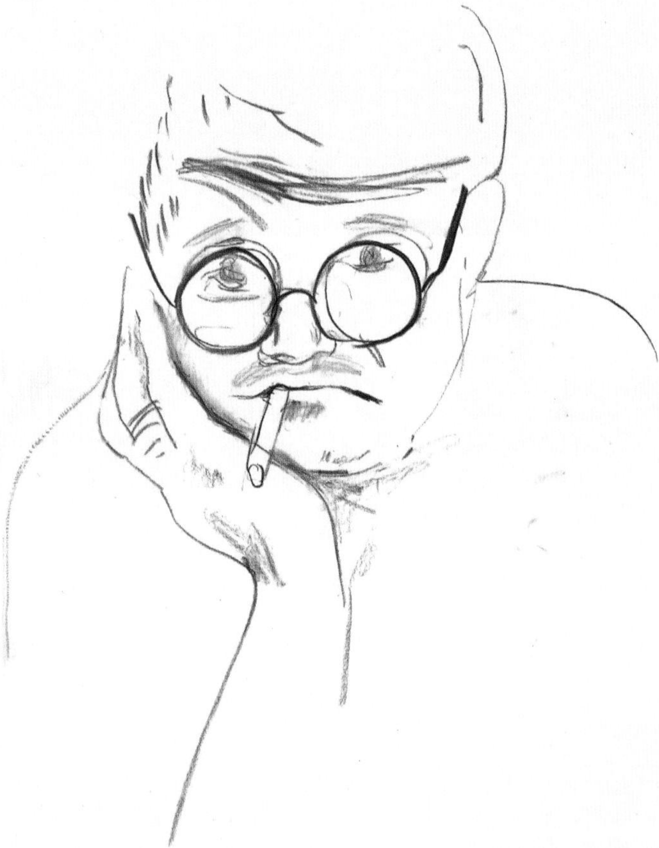

Self Portrait with Cigarette, 1983, Kohle auf Papier, 76,2 x 57,2 cm

Alle paar Jahre mache ich eine Reihe von Selbstporträts ... 1983 häuften sie sich, als mir das Älterwerden plötzlich stärker bewusst wurde.

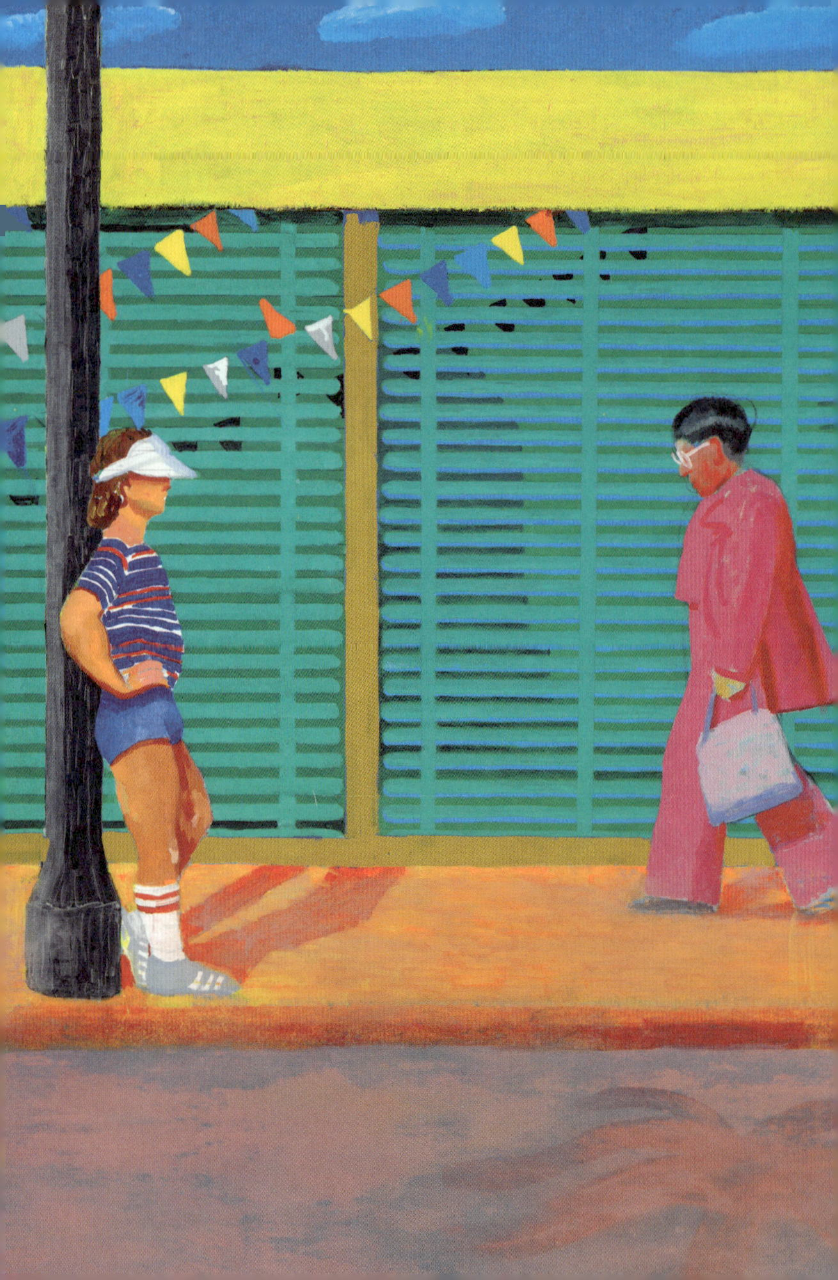

HOCKNEY ÜBER DAS LEBEN

Das Leben ist
aufregend,
interessant,
spannend.

Ich bin nicht gierig nach Geld. Ich bin gierig nach einem aufregenden Leben. Aber ich kann auch Regentropfen aufregend finden, die auf eine Pfütze fallen.

*

Es gibt Zeiten im Leben, da ist man auf Reisen oder an einem bestimmten Ort und kann sich an so gut wie jede Einzelheit eines Tages erinnern.

*

Wir sehen mit unserer Erinnerung. Eine objektive Sicht gibt es nie und nimmer.

*

Ich fuhr mal jemanden hier hoch und fragte, welche Farbe die Straße habe. Nach zehn Minuten fragte ich erneut; da sah er, dass es nun eine andere war. Er sagte: »Ich habe nie nachgedacht, welche Farbe die Straße hat.« Offen gesagt: Wenn man nicht gefragt wird, ist es einfach Straßenfarbe.

*

Man muss im Hier und Jetzt leben. Es ist das Jetzt, das ewig ist.

*

Ich weiß, warum sie in Griechenland weiterhin rauchen: Sie wissen, dass Zeit dehnbar ist und es nur das Jetzt gibt.

Die Welt ist sehr,
sehr schön, wenn
man sie betrachtet,
aber die meisten
Menschen
betrachten sie
kaum, nicht
»intensiv«, oder?

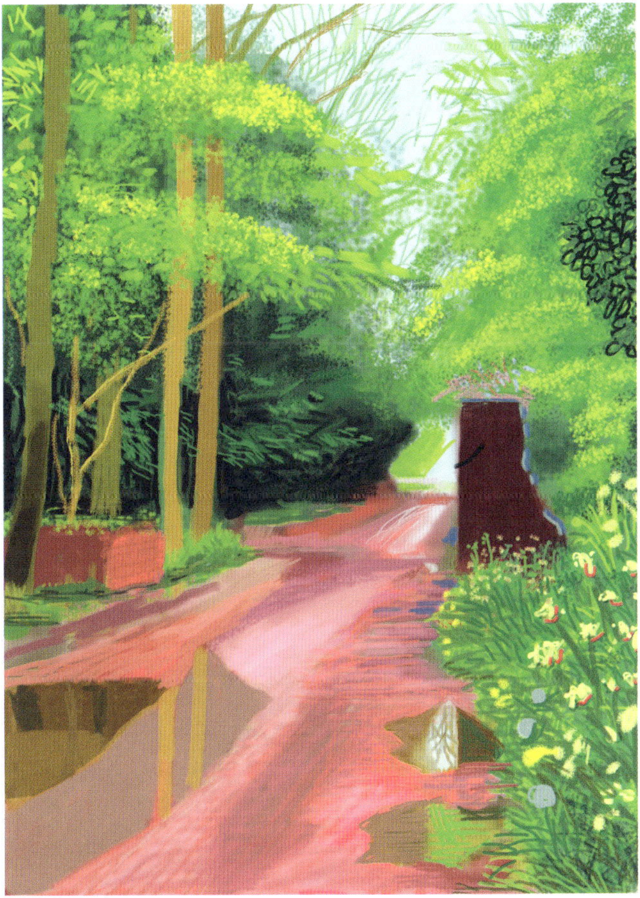

The Arrival of Spring in Woldgate, East Yorkshire in 2011 (twenty eleven), 11 May, iPad-Zeichnung

Pompeji war das Beverly Hills seiner Zeit: überall Bordelle und Bilder.

*

Was wir hin und wieder tun sollten: ausschweifend sein.

*

Die meisten Leute, die mittags irgendwo essen gehen, haben nachmittags nichts zu tun.

*

Das Schöne an Amerika ist, dass die Bars so lange aufhaben.

*

Man kann rauchen, trinken, alles Mögliche tun, aber man braucht das Gefühl der Sinnhaftigkeit: Man braucht eine große Aufgabe.

*

Auch wenn sie sich unterscheiden, haben wir doch alle nur ein Leben zur Verfügung. Sieh dir Balzac an: mit 55 gestorben, aber ein Werk von 100 Jahren geschaffen, und zwar in perfekter Form.

*

Nach allem, was ich über Ravel gelesen habe, hätte ich den Mann sehr gemocht.

Künstler leben, selbst wenn sie tot sind, in ihren Werken weiter.

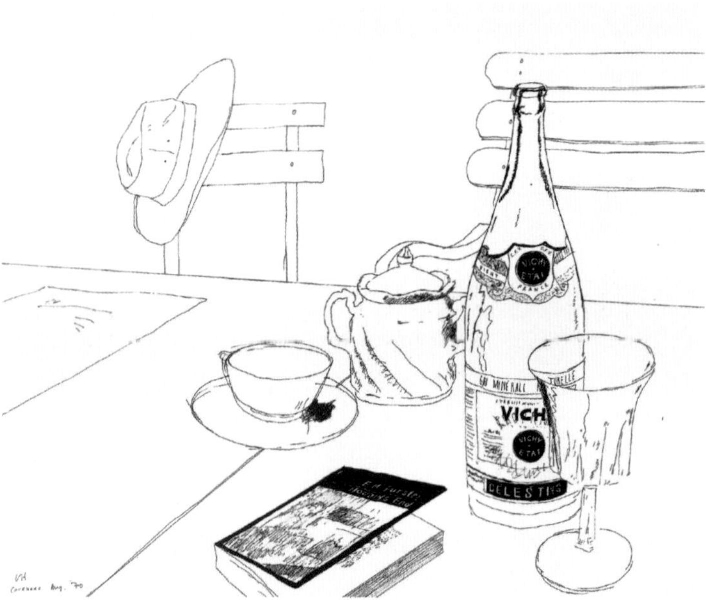

Vichy Water and »Howard's End«, Carennac, 1970,
Tusche auf Papier, 35,6 x 43,2 cm

Es ist gut,
sich auszuruhen
und zu lesen.

Das Auge ist
in ständiger
Bewegung;
ist es nicht
in Bewegung,
ist man tot.

Wir leben in einer Zeit, in der Unmengen an Bildern geschaffen werden, die gar nicht den Anspruch erheben, Kunst zu sein. Sie erheben den Anspruch auf etwas viel Fragwürdigeres ... nämlich Wirklichkeit zu sein.

*

Auch mit dem Raumschiff gelangt man nie an den Rand des Universums. Da könnte man ebenso gut den Bus nehmen. Man kommt dort nur in seinem Kopf hin.

*

Die meisten Dinge im Universum haben gar keine Farbe. Aber die Erde hat wunderbare Farben, die uns meiner Meinung nach besonders machen: Blau, Rosa und Grün.

*

Wir betrachten die Welt nicht aus der Ferne; wir sind in ihr. Mir gefällt der Gedanke, dass ich in der Welt bin. Ich möchte nicht nur durch Schlüssellöcher gucken.

*

Ich mag es, die Welt anzuschauen. Die Welt ist aufregend, auch wenn viele Bilder es nicht sind.

*

Visuelle Bildung wird als unwichtig erachtet, dabei beeinflusst uns das, was wir sehen, das ganze Leben lang.

Die Welt ist schön, und wenn wir das nicht erkennen, sind wir als Spezies dem Untergang geweiht.

*

Wir können der Zerstörung eventuell dadurch entgehen, dass wir das Nahe, das Intime zulassen und damit das Wirkliche; dadurch, dass wir die Welt auf intimere Weise wahrnehmen, was wiederum zu Freundlichkeit führt.

*

Viele Menschen meinen zu wissen, wie die Welt aussieht; sie haben sie ja im Fernsehen gesehen.

*

Betrachtet man die Welt da draußen, gibt es viel zu erkennen. Wir bearbeiten es.

*

Wenn man Graffiti auf einer Wand nur flüchtig anschaut, übersieht man all die kleineren Botschaften; man sieht zunächst nur die großen. Erst wenn man sich vorbeugt und genauer hinschaut, erkennt man die kleineren, neurotischeren.

*

Jeder Mensch spürt oder weiß, dass er oder sie jeweils ganz eigene Erfahrungen macht.

Wir können nicht alle zugleich dasselbe sehen; wir sehen alle etwas leicht unterschiedliches.

*

Wenn mich ein Freund bittet, mir etwas von ihm anzusehen, gebe ich nichts auf die Kritiken, sondern glaube ihm mehr.

*

Die Menschen brauchen etwas, das sie erfreut, etwas Hübsches und voller bunter Lichter.

*

Meine Hunde schauen nie auf den Fernseher. Aber in Malibu sitzen sie da und blicken hinaus auf den Saum des Meeres. Feuer und Wasser ändern ständig ihre Gestalt, und das interessiert Hunde genauso sehr wie uns.

*

Man kann Genuss ja nicht vermessen, oder?

*

Nur beim Lachen ist unsere Kampf-oder-Flucht-Instinkt ausnahmsweise ausgeschaltet. Das tut uns gut.

*

Einmal am Tag lache ich ordentlich. Das muss man. Das hält einen auf Trab.

Ein Künstler schert sich nicht um soziale Klassen. Aber ich glaube, sie beeinflussen die englische Kunst. Ich bin mir sicher, dass das Klassensystem viele Leute ins Ausland treibt.

*

Wenn man als Künstler zu Geld kommt, sollte man es dazu verwenden, künstlerisch zu machen, was man will.

*

Die Eitelkeit der Künstler besteht in dem Wunsch, dass ihre Werke gesehen werden. Nichts will man mehr.

*

Man wäre kein Künstler, wenn man nicht eine Erfahrung, einen Gedanken teilen wollte. Ich frage mich ständig, wie ich die Distanz aufheben kann, damit wir alle ein Gefühl dafür bekommen, dass wir gleich sind, dass wir eins sind.

*

Wer völlig lieben kann, im wahrsten Sinn des Wortes, hat weniger Angst.

*

Beziehungen kann man nicht erzwingen; sie ergeben sich einfach.

Wo du aufhörst
und ich anfange –
dieser Zwischen-
bereich ist der
interessanteste
Bereich von allen.

Die Liebe ist
das einzig
wirkliche Thema.

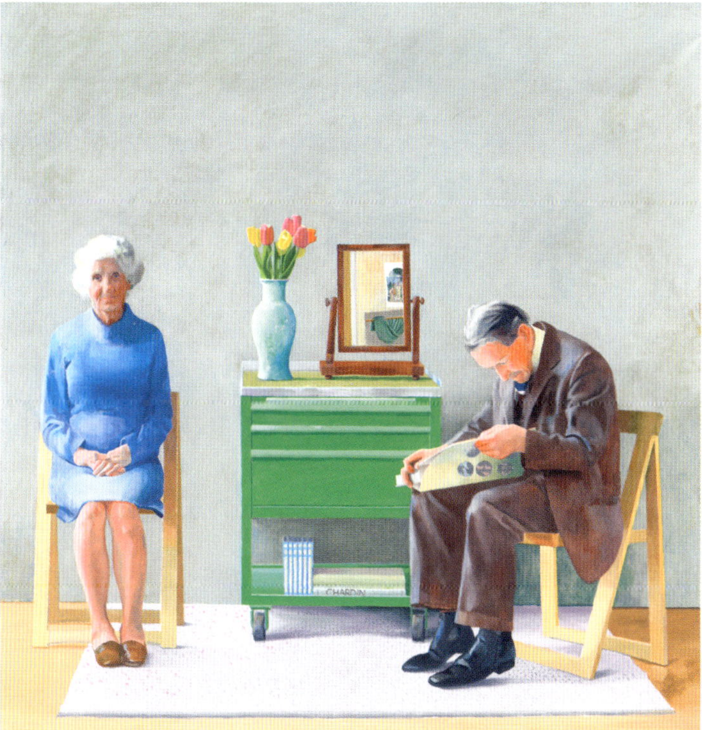

My Parents, 1977, Öl auf Leinwand, 182,9 x 182,9 cm

Müsste ich mein Leiden – wenn man es denn so nennen will – beschreiben, wäre es Einsamkeit. Aber das verkneife ich mir, denn es gibt immer einen, dem es schlechter geht, und ich komme damit zurecht.

*

Ich glaube, dass Langlebigkeit ein Nebenprodukt eines harmonischen Lebens ist. Wenn man ein gewisses Alter erreicht hat, findet man seinen eigenen Rhythmus.

*

Wenn alles darauf ausgerichtet ist, die Zahl der eigenen Lebensjahre zu maximieren, verleugnet man das Leben als solches.

*

Einige Blätter fallen schneller vom Baum als andere … Wie Menschen. Einige sterben früher, einige später.

*

Viele meiner Freunde sind in viel jünger gestorben. Dass ein alter Mensch stirbt, scheint ganz natürlich zu sein, während es der Tod eines 32-Jährigen nicht ist.

*

Wir waren neulich in San Francisco. Es ist inzwischen eine sehr langweilige Stadt. Wo sind die Harvey Milks?

Die Vergangenheit ist aufbereitet und erscheint uns klarer. Die Gegenwart ist immer ein ziemliches Kuddelmuddel.

*

Es ist immer schwierig, die Gegenwart zu betrachten.

*

Heute tragen alle diese Sportklamotten. Die Mode ist sehr langweilig geworden, finde ich.

*

Ich war noch nie im Leben in einem Fitness-Studio.

*

Neue Ideen scheinen oft dem gesunden Menschenverstand zu widersprechen.

*

Es heißt, die Amerikaner verehrten den Erfolg, während er in England verhasst sei. Meiner Meinung nach bedeutet das nur, dass beide ihn zu ernst nehmen.

*

Früher fand ich, dass ich mich für gewisse Dinge lautstark einsetzen sollte, was ich auch ausgiebig tat, aber manchmal hatte ich genug davon. Die Leute dachten: »Ach, der David, der mit seinem Bradforder Akzent herumnörgelt.«

Früher durfte
man nicht
schwul sein.
Jetzt darf man
schwul sein, aber
nicht rauchen.
Irgendwas ist
immer.

Restaurants und Kneipen haben die Raucher rausgeworfen – aber ich glaube, damit haben sie den falschen Schadstoff verbannt. Der wirkliche ist für mich der Lärm.

*

Es gibt Aspekte der englischen Lebensweise, über die ich mich schon immer sehr geärgert habe. Die Leute scheinen nie irgendwas auf die Reihe zu kriegen.

*

Es sind immer die gleichen Leute, fantasielose Kleingeister mit einer Höllenangst vor allem Möglichen. Sie sind mir egal, aber sie sollten nicht das Land regieren.

*

Ich habe immer schon gedacht und auch immer gesagt, die Welt sei verrückt, aber ich finde, sie wird gerade noch etwas verrückter.

*

Es scheint mir immer möglich, etwas Gutes an der Welt zu finden, egal für wie verdorben man sie hält.

*

Wenn man die Welt schön, aufregend und rätselhaft findet, so wie ich, dann fühlt man sich ziemlich lebendig.

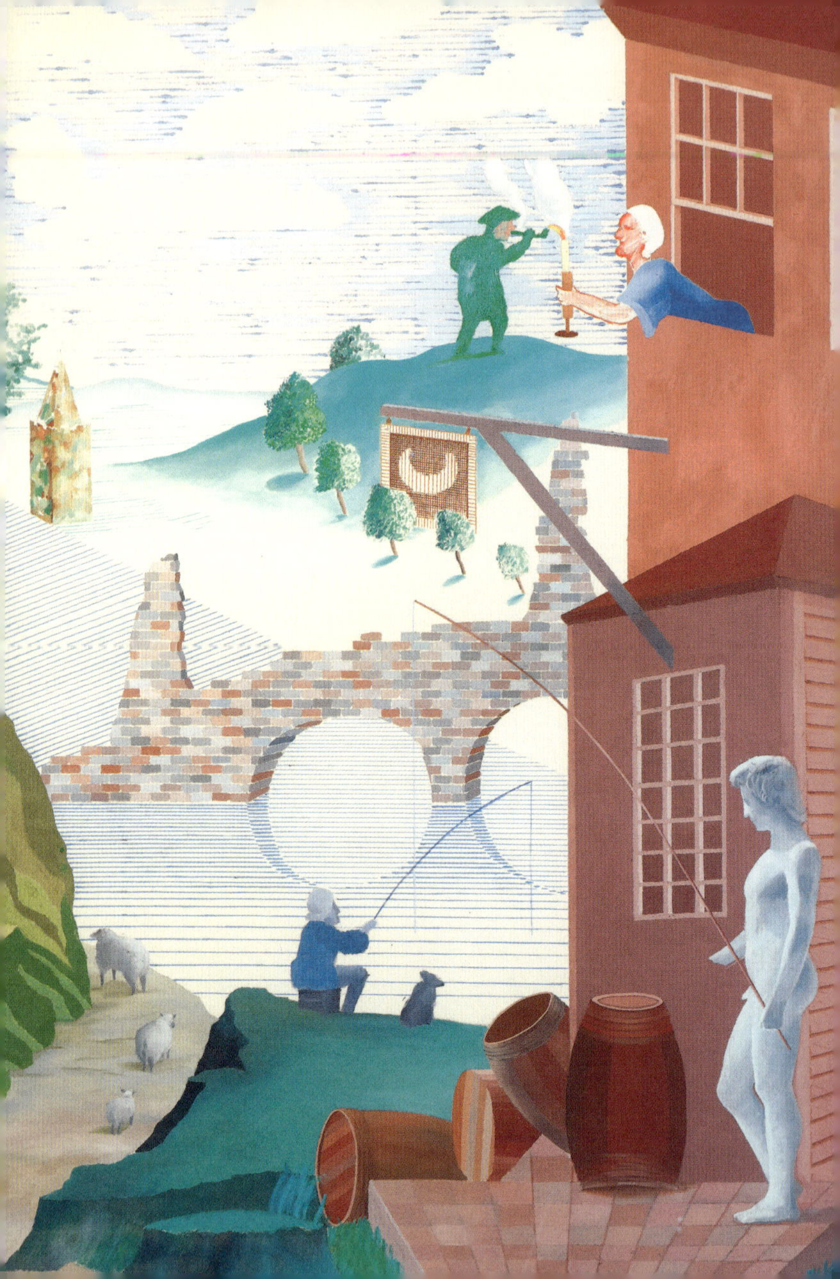

HOCKNEY ÜBER KUNST

Bilder lassen uns
die Welt sehen.
Ich weiß nicht,
was irgendjemand
ohne sie sehen
würde.

Ich habe mich mal mit einem Kunstkritiker gestritten, der sagte, Kunst sei nicht für alle da. Das fand ich schockierend. Ich glaube nicht, dass wir ohne irgendeine Art von Kunst leben könnten.

*

Die Kunst entwickelt sich nicht weiter. Einige der besten Bilder waren die ersten.

*

Bilder helfen uns seit mindestens 30.000 Jahren, zu sehen.

*

Der erste Mensch, der je ein Tier malte, wurde dabei von jemandem beobachtet, und als dieser Mensch das Tier erneut sah, dürfte er es etwas deutlicher gesehen haben.

*

Bilder sind Texte – und sie erzählen uns eine ganze Menge.

*

Die Kunst der Vergangenheit ist lebendig; die Kunst der Vergangenheit, die gestorben ist, ist gar nicht mehr da.

*

Die antike Welt war durch und durch farbig, genau wie das Mittelalter. Die Farbe ist inzwischen verschwunden.

Auf ägyptischen Bildern ist der Pharao dreimal größer als alle anderen. Und er war ja auch größer – in der Vorstellung der Ägypter. Ihre Bilder sind wahrheitsgetreu, aber nicht im geometrischen Sinn.

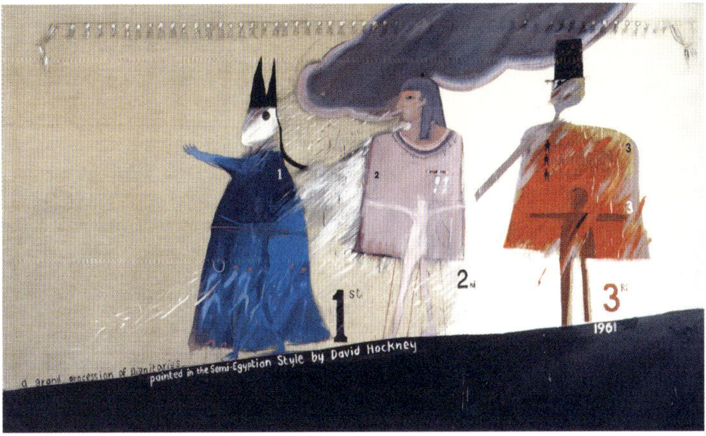

A Grand Procession of Dignitaries in the Semi-Egyptian Style, 1961,
Öl auf Leinwand, 213,4 x 365,8 cm

Seit der Renaissance war es Künstlern wichtig, sich über die Handwerker zu erheben. Deshalb spielten sie das Handwerkliche herunter. Ich glaube, dass sie Kameras verwendeten, sich dessen aber ein bisschen schämten.

*

Man denkt immer, vor dem Zeitalter der Fotografie seien Kameras große, unhandliche Apparate gewesen, so wie frühe Fernsehgeräte. Tatsächlich aber braucht man für eine optische Projektion nur ein Stück Glas.

*

Wenn man sich mit Abbildungen beschäftigt, entwickelt man ein Bewusstsein für die vielfältigen Möglichkeiten, die Welt darzustellen. Ich glaube zum Beispiel, dass Caravaggio seine Bilder schuf, indem er mithilfe einer Kamera zeichnete. Er projizierte zunächst eine Figur auf die Leinwand, dann eine weitere – oder Teile einer Figur, einen Arm oder ein Gesicht. Seine Gemälde sind quasi Collagen aus verschiedenen Projektionen.

*

Einige Historiker scheinen zu glauben, van Eycks Atelier habe ausgesehen wie das von Cézanne: die einsame Künstlerklause. Aber so wird es definitiv nicht ausgesehen haben. Sondern eher wie ein MGM-Studio: Kostüme, Perücken, Rüstungen, Kerzenleuchter, Modelle.

Es klingt wie ein Scherz, aber ich meine es ernst: Caravaggio hat die Beleuchtung der Hollywoodfilme erfunden. Er hat herausgefunden, wie man Dinge dramatisch ausleuchtet.

*

Rembrandt hat sich mit Gesichtern mehr Mühe gegeben als irgendjemand vorher oder nachher, weil er mehr gesehen hat. Das war das Auge – und das Herz.

*

Wer je gezeichnet hat, erkennt, wie wunderbar Rembrandts Zeichnungen sind. Die Sparsamkeit der Mittel ist atemberaubend. Man kann die Geschwindigkeit »sehen«.

*

Es gibt eine Zeichnung von Rembrandt, die ich für die beste aller Zeiten halte. Sie hängt im British Museum und zeigt eine Familie, die einem Kind das Laufen beibringt.

*

In Hokusais Brücken-Zeichnungen gibt es unter den Brücken keine Schatten. Den meisten Leuten fällt das gar nicht auf. Sie sehen nur ein wunderschönes Bild.

*

Früher war es so, dass Künstler, deren Kunst die meisten Menschen nicht ansprach, nicht als besonders gut galten.

Ein Kurator sagte mal zu mir, er »hasse« Renoir. Ich war schockiert. Ich sagte: »Welches Wort würden Sie denn verwenden, um Ihre Gefühle für Hitler auszudrücken?« Armer alter Renoir. Er hatte nichts Schlimmes getan. Er hatte ein paar Bilder gemalt, die vielen Menschen gefielen.

*

Van Gogh war einer der größten Zeichner überhaupt.
Ich liebe die kleinen Skizzen in seinen Briefen.
Heute würde er sie über sein iPhone verschicken.

*

Kunst oder Künstler, die dich ansprechen, sind zeitgenössisch. Für mich ist van Gogh ein zeitgenössischer Künstler.

*

Diese Matisse-Ausstellung war unglaublich. Es war die reine Freude ... und Freude ist ein großartiges Geschenk an die Menschen.

*

In der Kunst sollte es um Freude gehen.

*

Das Lustprinzip in der Kunst lässt sich nicht leugnen. Was nicht heißt, dass Kunst leicht und heiter sein muss. Es kann ein Genuss sein, das Bild einer Kreuzigung zu betrachten.

Kunst sollte großer Genuss sein. Eine Kunst der völligen Verzweiflung ist ein Widerspruch in sich, denn zumindest versucht man ja zu kommunizieren, und allein das mildert die Verzweiflung ein wenig. Dieser Widerspruch ist der Kunst immanent.

*

Es gibt keine Kunst ohne Spiel. Selbst ein Wissenschaftler hat einen Sinn fürs Spielerische. Es ermöglicht Überraschungen, etwas Unerwartetes.

*

Mich fragte jemand, als wir über Kubismus sprachen: »Geht es beim Kubismus nicht ums innere Auge?« Ich sagte: »Aber etwas anderes haben wir nicht, etwas anderes gibt es nicht.«

*

Maler müssen ihr Werk im Nachhinein ein Stück weit analysieren. Ich bin sicher, die Kubisten hatten keinen bestimmten Plan – die haben sich nicht hingesetzt und gesagt: »Nun, die Perspektive muss aufgebrochen werden, da liegt das Problem.« Es ist ein Tasten, man tastet sich langsam und in verschiedene Richtungen vor.

*

Die Vorstellung einer ständigen Avantgarde, die immer weiter und weiter vorangeht, ist absurd.

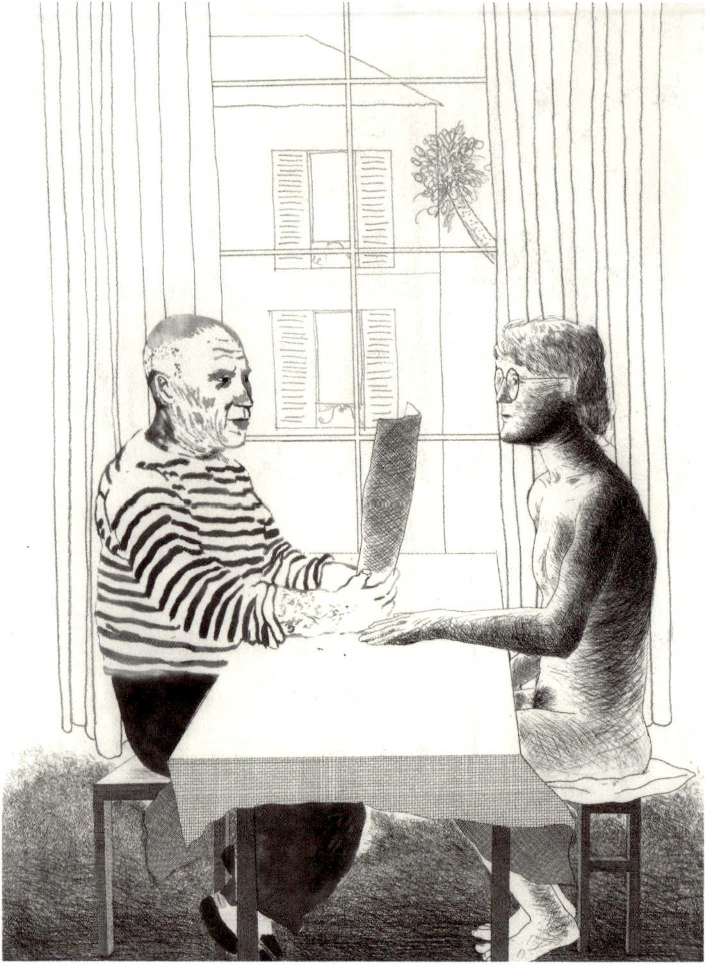

Artist and Model, 1973/74, Radierung, 75,6 x 58,4 cm

Ich bin mir all dessen, was in den letzten 75 Jahren in der Kunst passiert ist, durchaus bewusst. Ich ignoriere es nicht. Ich habe versucht, es in meine Art der Kunst zu integrieren.

Duchamp hat sehr interessante, unterhaltsame Spielchen gespielt, aber eine Duchamp-Schule ist ein wenig un-duchampisch, oder? Das hätte ihn belustigt.

*

Ich habe Bacons Meinung zur Abstraktion immer geteilt. Ich dachte: »Wie kann man das vorantreiben?« Das führt doch nirgendwo hin. Sogar Pollocks Malerei ist eine Sackgasse.

*

Anfangs sah es so aus, als führe die Abstraktion überall hin, aber das tut sie nicht, oder?

*

Landschaft und Porträt waren die Genres, die sich nach Ansicht der Modernisten erledigt hatten. Stimmt aber nicht, heute steht einem alles offen. Landschaft und Porträt bleiben unendlich.

*

Als Adolf Loos sagte, Ornament sei ein Verbrechen, machte er ehrliche Handwerker zu Verbrechern.

*

Welche Regel man auch aufstellt – ein anderer Künstler wird daherkommen und sie brechen.

So etwas wie die perfekte Reproduktion gibt es nicht, denn jede Reproduktion ist eine Interpretation.

*

Eine zweidimensionale Oberfläche lässt sich leicht zweidimensional reproduzieren. Es ist das Dreidimensionale, das sich nur schwer zweidimensional wiedergeben lässt; man muss es stilisieren, interpretieren.

*

Zweidimensionalität ist nur eine Vorstellung, sie existiert nicht wirklich; sogar ein Blatt Papier ist dreidimensional.

*

Eine Silhouette ist sehr markant. Wir können Menschen daran erkennen, selbst aus großer Entfernung.

*

Oft sieht man mehr, wenn man einen Schritt zurücktritt, nicht wahr?

*

Bilder haben Macht, sie werden benutzt, um zu kontrollieren.

*

Wie die Welt dargestellt wird, beeinflusst uns sehr ... Kunst hat enormen Einfluss darauf, wie wir die Welt sehen.

In einem Standbild kann es Bewegung geben, weil sich das Auge bewegt.

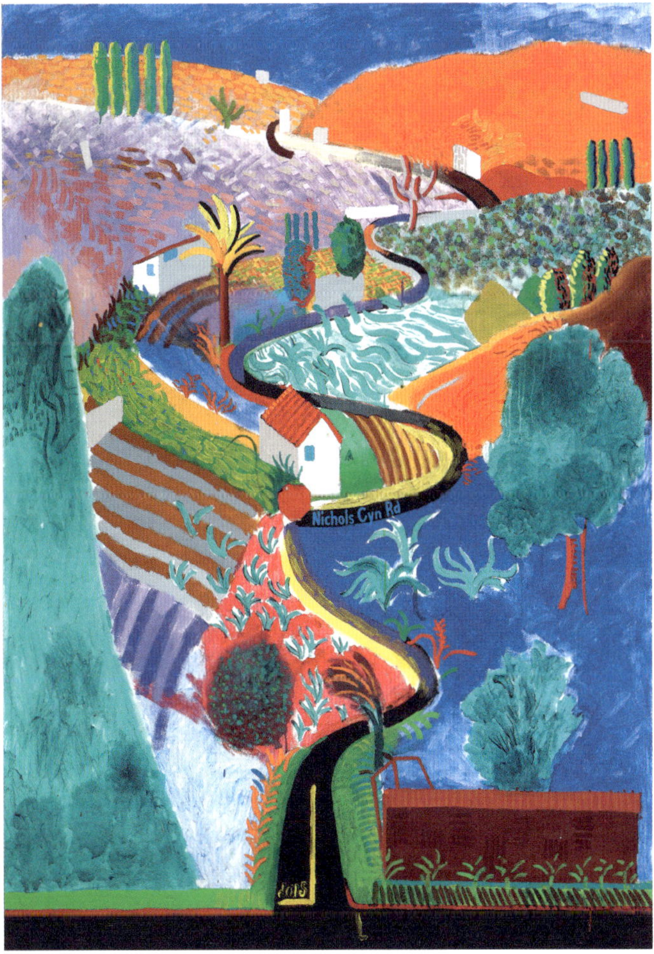

Nichols Canyon, 1980, Acryl auf Leinwand, 213,4 x 152,4 cm

Ich wohnte oben auf den Hügeln und malte in meinem Atelier am Fuß der Hügel, sodass ich täglich hin und herfuhr, mitunter zwei, drei, vier Mal am Tag. Irgendwann konnte ich diese Schlangenlinien regelrecht »fühlen«.

*

Die Tatsache, dass es eine Zeit braucht, bis wir ihn erkennen, erschafft den Raum.

*

In ein Gemälde bringt man seine Zeit ein; ein Film zwingt einem seine Zeit auf.

*

Standbilder können wir uns besser merken. Sie prägen sich tiefer ein. Aber es ist schwer, sich an eine Filmsequenz zu erinnern.

*

Die meisten Bilder sind schnell vergessen.

*

Wir sind gezwungen, Abbildungen zu schaffen. Wir tun das seit 10.000 Jahren und werden damit bestimmt nicht aufhören. Tief in uns gibt es ein Verlangen, das uns dazu drängt.

Offensichtlich wollen wir doch Bilder sehen. Wir sind darauf ausgerichtet, sie zu sehen. Es braucht nur vier kleine Striche, und jeder weiß, es kann ein Gesicht sein.

*

Selbst wenn man kein Künstler wird … schärft eine künstlerische Ausbildung den Blick, und wer einen geschärften Blick hat, ist von lauter schonen Dingen umgeben.

*

Es gibt mehr Menschen, die sich für Bilder interessieren, als man meint.

*

Nur wenige Menschen wissen, welche Kunst der Gegenwart wirklich bedeutend ist. Dafür muss man sehr scharfsinnig sein. Ich würde das nicht beurteilen wollen. Geschichtsbücher werden immer wieder umgeschrieben.

*

Die Kunstgeschichte wird, wie jede Geschichte, neu geschrieben werden.

*

Künstler haben tendenziell einen offeneren Blick auf die Kunst als Historiker; sie interessieren sich weniger dafür, wo oder wann sie entstand.

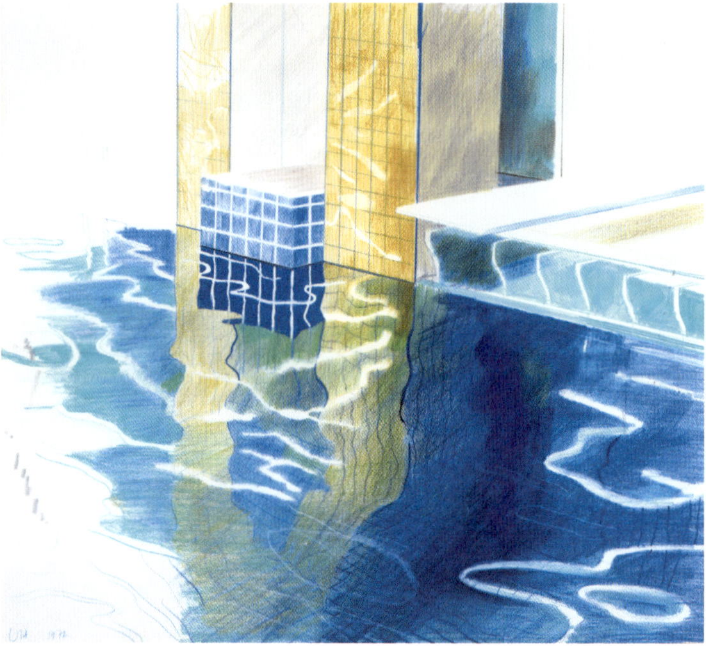

Study of Water, Phoenix, Arizona, 1976, Farbstift auf Papier, 45,7 x 49,8 cm

Letztlich sind
es Bilder,
die uns Dinge
sehen lassen.

Glaube, was ein
Künstler tut,
und nicht,
was er über sein
Werk sagt.

Kunst kommt in vielfältiger Form daher. ... Wir brauchen alle möglichen Arten von Künstlern.

*

Ich mag Abwechslung in Bildern.

*

Ich mag Klarheit, aber auch Ambivalenz. Beides kann in ein und demselben Bild vorhanden sein. Und so sollte es auch sein, finde ich.

*

Wie auch andere Dinge bestehen Bilder vor allem deshalb fort, weil jemand sie liebt.

*

Die Preise auf Auktionen sind so hoch, weil man sich am Ende – wenn man ein Dach überm Kopf, etwas zu essen und eine Heizung hat – nur noch Schönheit kaufen kann.

*

Zeichenkunst und Malerei wird es auch weiterhin geben, wie Singen und Tanzen, weil die Menschen sie brauchen.

*

Die Kunst wird nicht sterben. Nicht einmal die Malerei wird sterben.

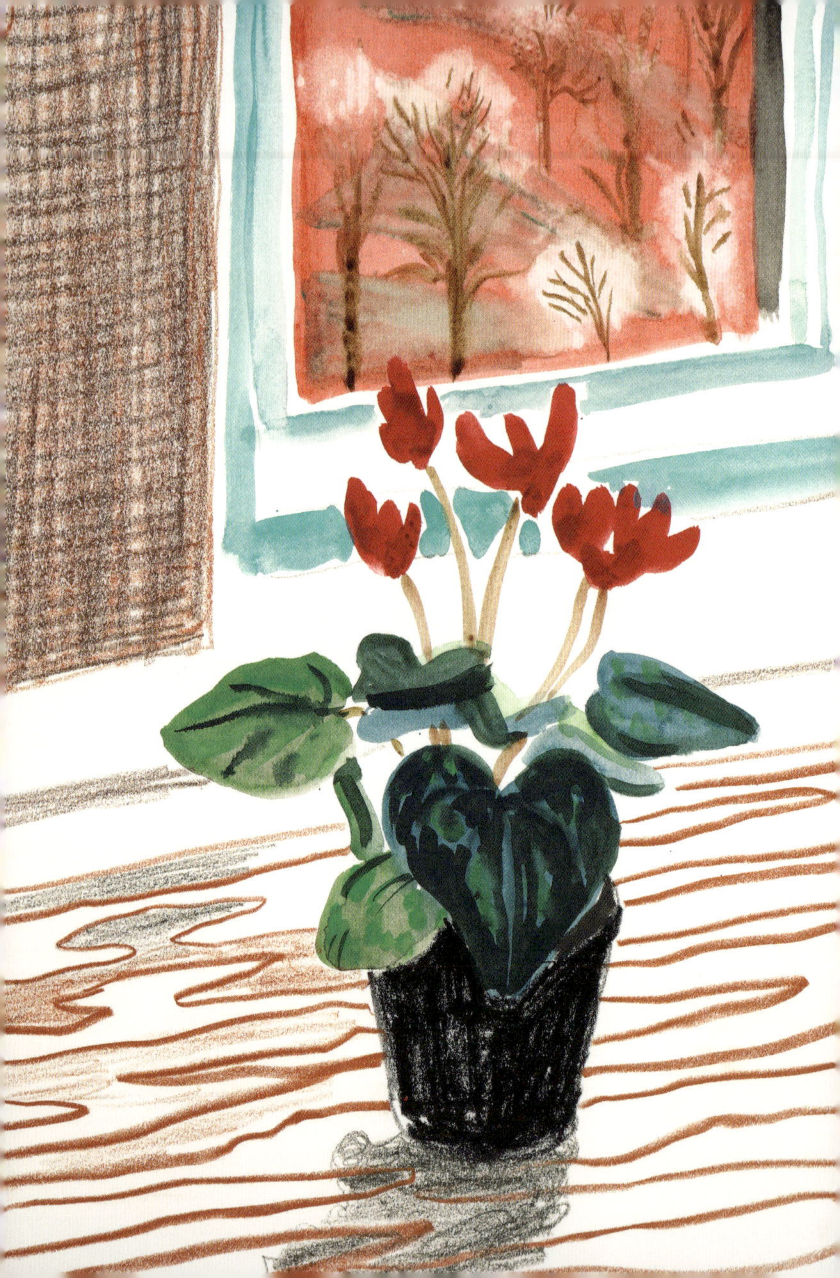

HOCKNEY ÜBER INSPIRATION

Wenn es einen zutiefst fasziniert, wie die Welt wirklich aussieht, interessiert man sich zwangsläufig für jede nur denkbare Möglichkeit, Bilder zu schaffen.

*

Man sollte malen, was man liebt! Ich male, was ich liebe; das habe ich schon immer getan.

*

Bei einer dieser Tanzveranstaltungen am Royal College tanzte ein sehr hübscher Junge einmal nur für mich Cha-Cha-Cha. Das hat mich so beeindruckt, dass ich dachte: »Auch davon könnte ein Bild machen«.

*

Ich male, was ich mag, wann ich mag und wo ich mag, mit gelegentlichen nostalgischen Ausflügen ... Inspiriert bin ich sicherlich von klassischen, wenn nicht gar epischen Themen: Landschaften ferner Länder, schöne Menschen, Liebespropaganda und wichtige Ereignisse (meines eigenen Lebens). All das scheint mir ziemlich traditionell zu sein.

*

Ich vermute ja seit jeher, dass einer meiner Vorfahren ein Höhlenmaler war, der gern Zeichen auf Wände malte.

Jedes Mal, wenn ich rausgehe, sehe ich etwas, das ich zeichnen will. Ich schaue irgendwohin und fange an.

*

Das Schauen hat mir schon immer großes Vergnügen bereitet. In einem Auto will ich immer vorne sitzen, weil das so großen Spaß macht.

*

Hätte man van Gogh eine Woche mit ein paar Farben und Leinwänden in ein ödes Motel-Zimmer Amerikas gesperrt, wäre er mit erstaunlichen Gemälden und Zeichnungen eines schäbigen Badezimmers oder einer eingerissenen Pappschachtel wieder rausgekommen.

*

In meinen Swimmingpool-Bildern ging es um Transparenz: Wie malt man Wasser?

*

Anders als ein Teich reflektiert der Swimmingpool Licht.

*

In Swimmingpools verändert Wasser sein Aussehen stärker als in anderen Formen – seine tanzenden Rhythmen spiegeln nicht nur den Himmel, sondern auch die Tiefe des Wassers wider.

Jeder Künstler, den ich kenne, hängt sich Reproduktionen von Gemälden, gedruckte Bilder, an die Wand – Poster, Postkarten, alles Mögliche.

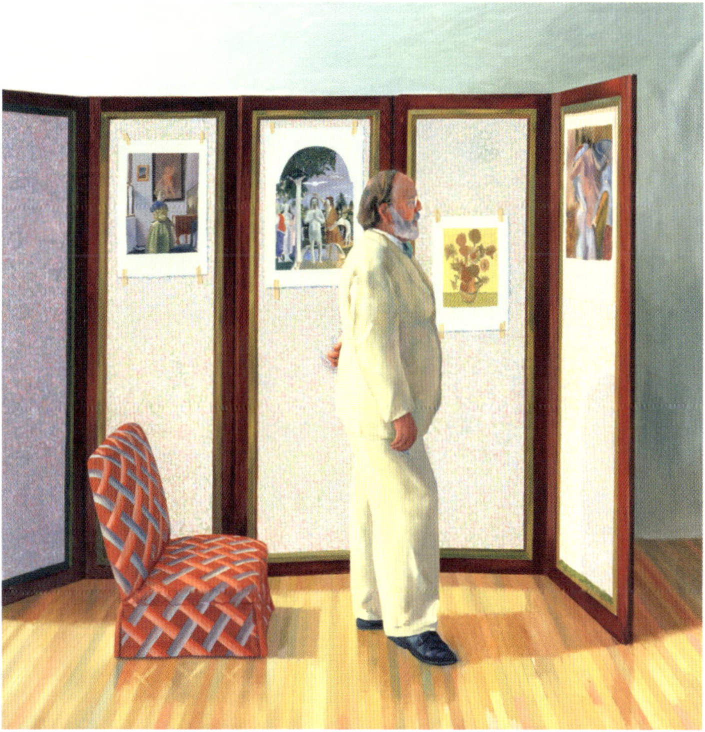

Looking at Pictures on a Screen, 1977, Öl auf Leinwand, 188 x 188 cm

Ich habe eine Langzeitaffäre mit der Kunst der Vergangenheit, die mal mehr oder weniger intensiv ist.

*

Alle betrachten dasselbe Bild, aber sehen nicht unbedingt dasselbe.

*

Wir alle sehen Unterschiedliches. Bilder auf einer Druckseite wecken unterschiedliche Erinnerungen.

*

Cézannes Innovation bestand in der Erkenntnis, dass sich Blickwinkel ständig verändern; dass wir Dinge von mehreren, manchmal auch widersprüchlichen Standpunkten aus sehen.

*

Cézanne malte mit zwei Augen, und sah die Dinge deshalb aus zwei leicht unterschiedlichen Blickwinkeln. Darum sind die Krümmungen bei ihm etwas sonderbar.

*

Die Chinesen sagen, das man zum Malen drei Dinge braucht: die Hand, das Auge und das Herz. Zwei davon reichen nicht.

Das Betrachtete lässt sich vom Betrachtenden unmöglich trennen; wenn man etwas betrachtet, ist es mit einem verbunden.

*

Je mehr ich betrachte und darüber nachdenke, desto mehr sehe ich. Diese einfachen kleinen Dinge sind unglaublich reichhaltig. Das haben viele Menschen vergessen. Aber man kann sie daran erinnern.

*

Ich spazierte jeden Morgen durch den Holland Park. Ich bemerkte den Frühling und dachte: »Oh, das ist ja sehr aufregend. Sehr aufregend«.

*

Ich sehe mir jeden Morgen den Himmel an, denn er ist jeden Tag anders.

*

Vom Flugzeug aus sahen wir eine außergewöhmliche Landschaft und waren begeistert ... Landschaft ist räumlicher Nervenkitzel.

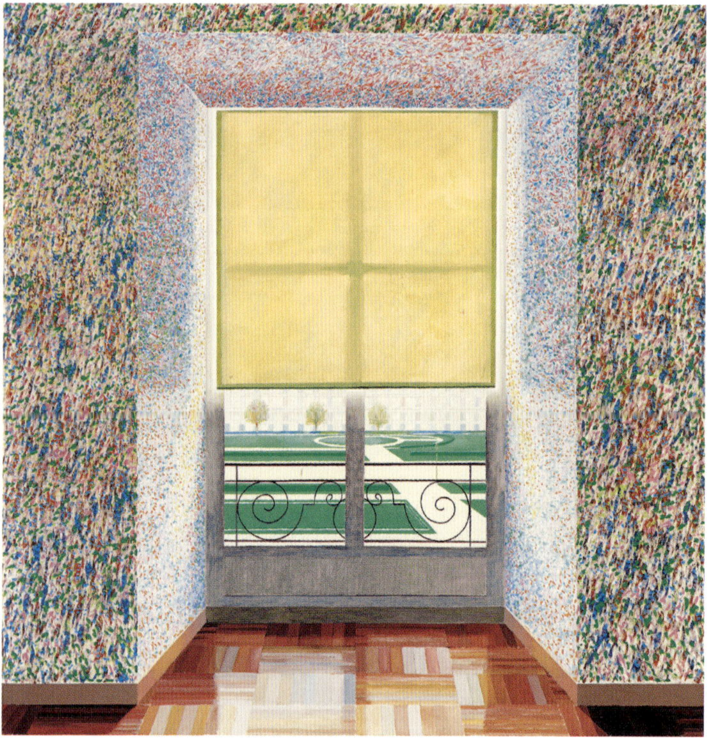

Contre-jour in the French Style – Against the Day dans Le Style Français, 1974, Öl auf Leinwand, 182,9 x 182,9 cm

Ich sah dieses
Fenster mit der
heruntergelassenen
Jalousie und dahinter
den geometrischen
Garten. Ich dachte,
ach, wie herrlich,
ganz herrlich!
Das ist ja selbst
schon ein Bild.

Jedes Mal, wenn ich ein Stillleben male, stelle ich begeistert fest, dass ich abertausend Dinge sehe. Welches soll ich auswählen?

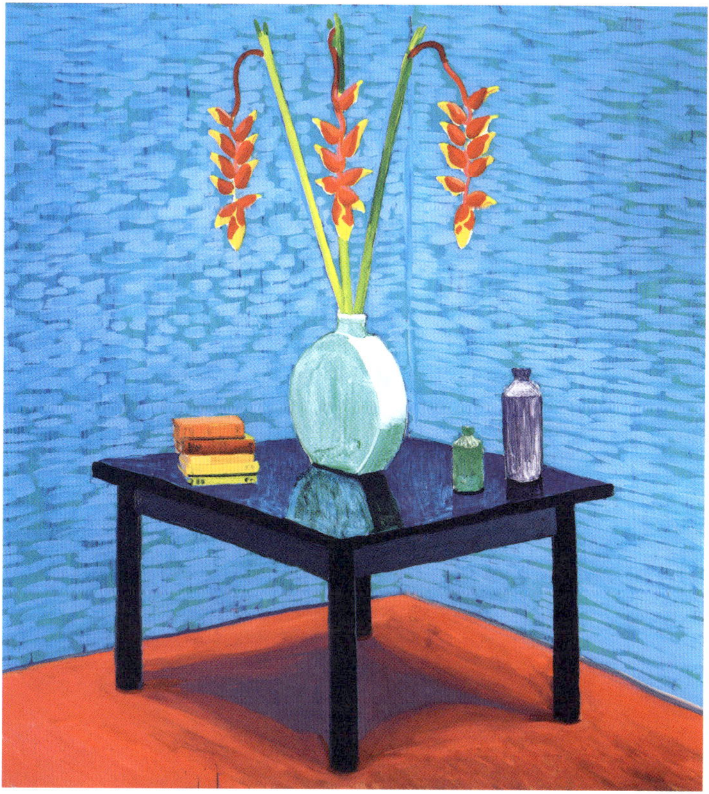

Halaconia in Green Vase, 1996, Öl auf Leinwand, 182,9 x 182,9 cm

Wenn Schmutz auf dem Glas ist, kann man den eine Weile anschauen, und wenn man dann durchs Glas hindurchschaut, sieht man den Schmutz nicht mehr.

*

Gesichter sind das Interessanteste, was wir sehen; andere Menschen faszinieren mich, und der interessanteste Aspekt an anderen Menschen – der Bereich, an dem wir in ihr Inneres gelangen – ist das Gesicht. Es verrät alles.

*

Wir sind immer fasziniert von visueller Magie.

*

Ich habe oft darüber nachgedacht, wie ich sehe. Jahrelang glaubte ich, meine Augen seien irgendwie sonderbar. Immer wieder habe ich überlegt, wie viel man wirklich sehen kann und was man wirklich wahrnimmt, wenn sich das Auge beim Fokussieren bewegt.

*

Morgens, in dem Moment, bevor ich ganz wach bin, habe ich oft all diese seltsamen Ideen. Was vermutlich daran liegt, dass das Denken da noch frei ist. Sobald wir wach sind, kommt ihm zu viel in die Quere.

Ich habe dieses Bedürfnis, diesen Drang, meine Art des Genießens zu teilen. Was für Künstler normal ist. Die meisten Künstler haben dieses Bedürfnis.

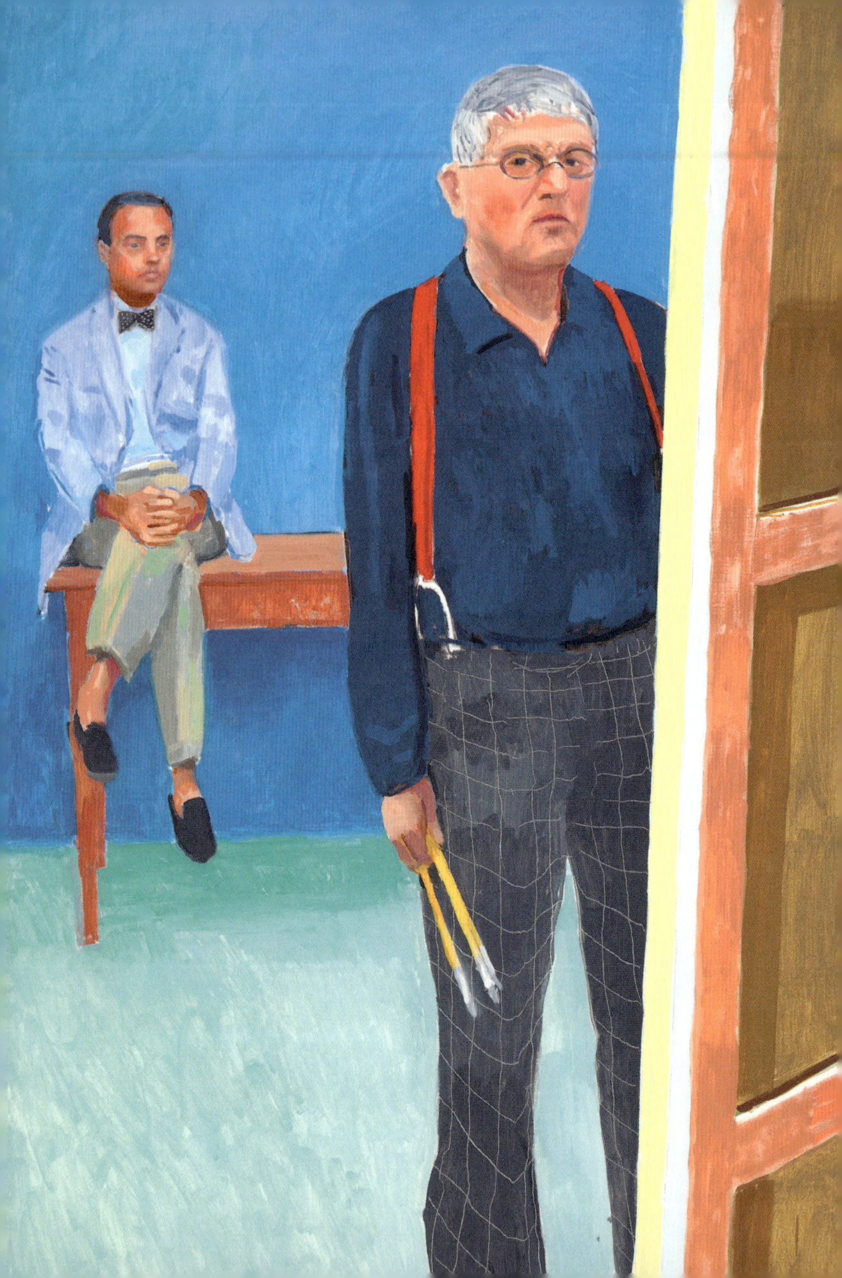

HOCKNEY ÜBER KUNST-SCHAFFEN

Ich »muss« malen. Seit ich ganz klein war, habe ich immer Bilder malen wollen. Das ist mein Job, und den mache ich nun schon seit über 60 Jahren.

*

Ich zeichne ständig. War es nicht Degas, der sagte: »Ich bin nur ein Mann, der gerne zeichnet«? Das bin ich!

*

Viele Zeichnungen von der Morgendämmerung und von Blumenvasen mache ich im Bett, weil ich dieses herrliche Fenster habe, und die Blumen stehen dort, und ständig ändert sich das Licht.

*

Kinder wollen normalerweise zeichnen, was sie vor sich haben: »Ich mal dir ein Bild von dem Haus da«. Das spricht für ein tiefes Verlangen danach, Dinge abzubilden.

*

Die meisten Leute können einen Baum zeichnen, weil es uns nicht stört, wenn ein Ast ein wenig falsch ist. Aber wenn ein Arm falsch ist, fällt das jedem auf.

*

Jemandem das Zeichnen beizubringen heißt, ihm das Hinschauen beizubringen.

Ich denke, man kann beim Malen das visuelle Gedächtnis ein Stück weit trainieren. Man nimmt sich vor: Heute Morgen betrachte ich mal diesen Aspekt.

Durchs Zeichnen sieht man die Dinge immer klarer und klarer – und noch klarer.

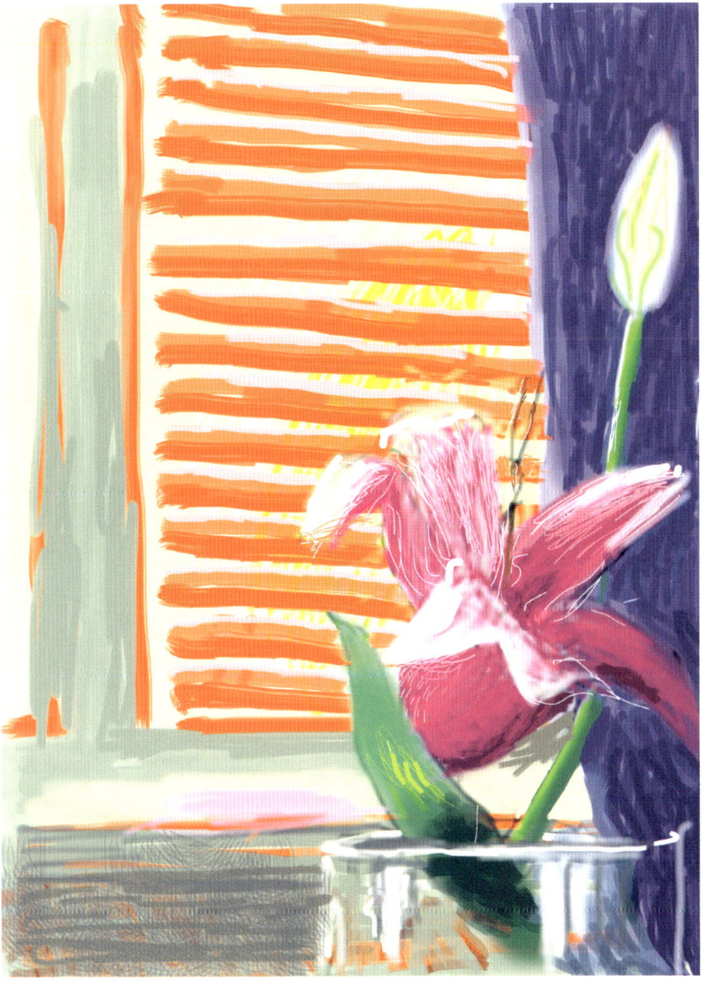

No. 182, 15th June 2010, iPad-Zeichnung

Als mein Gehör nachließ, sah ich den Raum deutlicher.

*

Wenn man im Freien arbeitet, merkt man, dass sich die Dinge ständig verändern. Man sieht, wie schnell die Wolken ziehen. Deshalb malte Cézanne lieber an bedeckten Tagen.

*

Alle Himmel, die ich gezeichnet habe, sind nach der Natur entstanden. Man kann einen Himmel nicht erfinden. Wenn man es tut, fällt es schon sehr auf.

*

Strahlende Sonne sorgt für die tiefsten Schatten.

*

Schatten entstehen, wenn man Gegenstände ausleuchtet. Aber wenn man ebene Flächen ausleuchtet, muss man die Schatten malen.

*

Beim Zeichnen kann man Schatten ignorieren, so wie es die alten Griechen taten.

*

Ab einem gewissen Punkt muss man die Welt interpretieren anstatt sie zu kopieren.

In dem Moment, in dem man um der Schönheit willen schummelt, weiß man, dass man ein Künstler ist.

*

Wie sagte Picasso? »Wenn du kein Rot hast, nimm Blau.« Lass Blau so aussehen wie Rot.

*

Michelangelo, Picasso – die haben die ganze Zeit gearbeitet. Man hört nie von Künstlern, die im Bett liegenbleiben, weil sie das eben nicht tun.

*

Wenn ein Künstler sagt, er habe im Atelier keinen Spaß, stimmt etwas mit ihm nicht.

*

Ich habe *Beverly Hills Housewife*, das vier Meter breit ist, in einem kleinen Raum in Santa Monica gemalt. In Wahrheit braucht man keine großen Ateliers.

*

Wenn Leute sagten, ich sei unordentlich, habe ich immer gewitzelt: »Ich besitze eben einen höheren Ordnungssinn«.

*

Schauen ist eine aktive Handlung. Man muss es bewusst tun.

Sobald meine Hand etwas gezeichnet hat, was mein Auge gesehen hat, kenne ich es auswendig und kann es ohne Modell noch einmal zeichnen.

Das Auge ist Teil des Verstands.

*

Jeder sieht Menschen gern beim Zeichnen zu.

*

Sobald man zwei oder drei Zeichen auf ein Blatt Papier setzt, entstehen Beziehungen. Dann fangen die Zeichen an, nach etwas auszusehen.

*

Die meisten Menschen schauen ein Gesicht nicht lange an; sie wenden den Blick eher ab. Aber wenn man ein Porträt malt, schaut man lange hin.

*

Das am Interessanteste, was wir sehen, ist ein anderer Mensch, also ist der auch am schwierigsten zu zeichnen.

*

Ich male, was ich sehe. Wenn da ein kleines Bäuchlein ist, kommt es mit ins Bild.

*

Ich kann eine Figur nicht nur theoretisch malen. Wenn sie nicht da ist, muss man mit der Tatsache umgehen, dass sie nicht da ist – man muss mit dieser Abwesenheit umgehen.

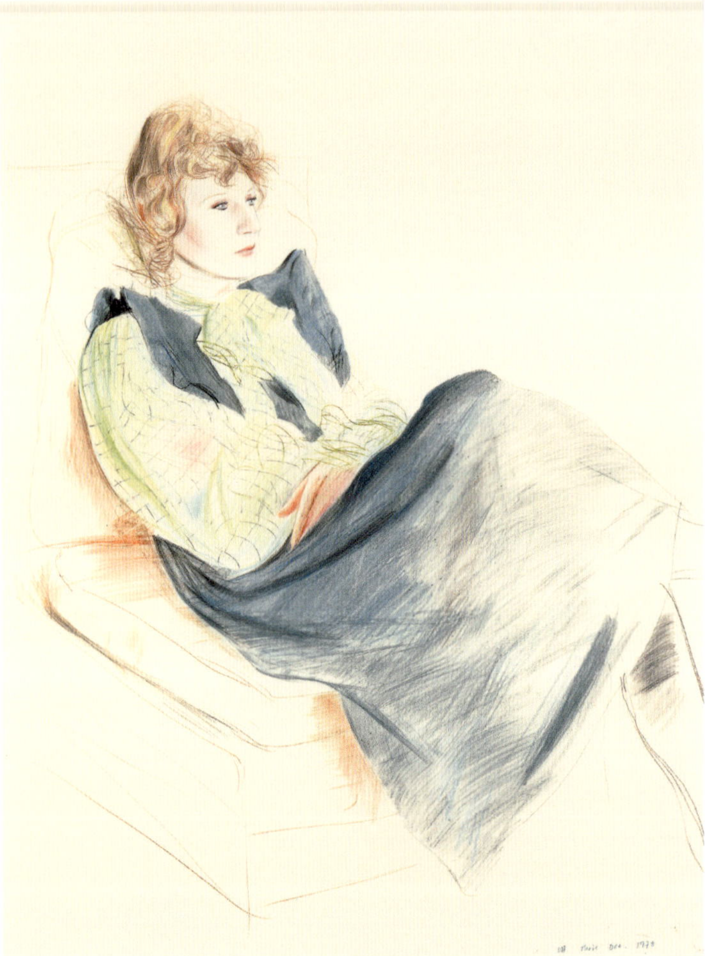

Celia Wearing Checked Sleeves, 1973, Farbstift auf Papier, 64,8 x 49,5 cm

Ich mache ein paar Zeichnungen von meinen Freunden; ich tue das langsam und sorgfältig, lasse sie stundenlang Modell sitzen und so weiter. Das mache ich bisweilen, wenn ich mir ein bisschen verloren vorkomme.

Alle wählen ihre Schuhe aus. Dabei sind Schuhe auf Porträts normalerweise gar nicht zu sehen.

*

Dein Gesicht gehört anderen Menschen. Das ist einer der Gründe, warum ich noch immer – ohne jedes Anzeichen von Langeweile – Porträts male.

*

Ein Porträt sollte schnell gemacht werden.

*

Ich mag es, Menschen, die ich kenne, immer wieder zu malen. Es dauert lange, bis man weiß, wie jemand aussieht, und vielleicht weiß man es nie wirklich.

*

Ich bin mir noch immer nicht sicher, wie Menschen aussehen.

*

Ich rede nie, wenn ich eine Person zeichne.

*

Die Stimmung, in der du bist, kommt in deinem Werk immer zum Ausdruck.

Wenn ich male, schweige ich.

*

Als mir meine Schwerhörigkeit bewusst wurde, begann mich auf einmal die Flachheit des Raums zu irritieren.

*

Es gibt viele Möglichkeiten, Dreidimensionalität in Zeichen auf eine ebene Fläche zu übertragen.

*

Künstler des Mittelalters arbeiteten oft mit isometrischer Perspektive, genau wie chinesische, japanische, persische und indische. Die Ansicht, diese Künstler hätten die Perspektive nicht richtig beherrscht, ist lächerlich. So etwas wie die »richtige« Perspektive gibt es nicht.

*

Bei der isometrischen Perspektive laufen die Linien nicht in einem Fluchtpunkt zusammen; alles bleibt parallel. Sie ist realer, näher an dem, was wir tatsächlich sehen. Wir haben zwei Augen, die sich ständig bewegen.

*

Bei Perspektive geht es im Grunde um uns, nicht um den abgebildeten Gegenstand.

Wenn man im wirklichen Leben sechs Menschen betrachtet, gibt es tausend Perspektiven.

*

Wenn du eine Zeichnung mit zehn oder mit hundert Strichen machen sollst, musst du mit den zehn sehr viel erfinderischer sein.

*

Beschränkungen in der Kunst waren nie hinderlich. Ich halte sie für anregend.

*

Ich tappe in Fallen, jeder Künstler tappt in Fallen. Irgendwann spürt man das. Aus manchen kommt man leichter wieder raus als aus anderen.

*

Ich habe ständig Zweifel. Sie sind immer da und werden es wohl auch immer sein.

*

Die meisten Künstler, gute Künstler, vertrauen ihrer Intuition. Ich vertraue meiner. Manchmal verleitet sie einen zu Fehlern, aber das fällt kaum ins Gewicht.

Wenn man in der Malerei einen bestimmten Schritt tut, ist es nicht so, als würde man eines Morgens aufwachen und beschließen, diesen Schritt zu tun. Das geschieht allmählich, und oft weiß man erst in der Rückschau, dass man den Schritt getan hat.

*

Wenn man mit etwas aufhört, heißt das nicht, dass man die bisherige Arbeit verwirft. Es heißt lediglich, dass man etwas ausgeschöpft hat und sich nun woanders umsehen will.

*

Normalerweise kommt man mit einem Gemälde, bei dem es von Beginn an gut läuft, auch gut weiter.

*

Manchmal gelangt man auf Abwege, die sich als Sackgassen erweisen; dann bricht man den kleinen Ausflug einfach ab, kehrt zur Hauptstraße zurück und macht weiter.

*

Wenn man in eine Sackgasse gerät, macht man einfach eine Rolle rückwärts und weiter geht's.

Jemand meinte mal,
meine Doppelporträts
ähnelten
Verkündigungsszenen:
Eine Person sehe
immer wie eine
bleibende aus und
die andere wie
eine Art Besucher.

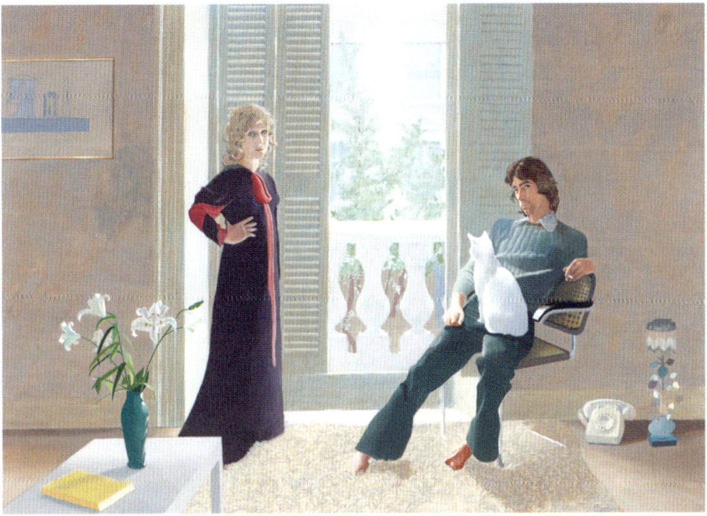

Mr and Mrs Clark and Percy, 1970/71, Acryl auf Leinwand, 213,4 x 304,8 cm

Fügt man ein Wort in ein Gemälde ein, hat es eine ähnliche Wirkung wie eine Figur: Es ist etwas Menschliches, das man sofort liest; es ist nicht nur Farbe.

*

Ganz gleich was man malt: Alle Malerei ist insofern abstrakt, als sie organisiert werden muss.

*

Je größer die Fläche einer bestimmten Farbe, desto kräftiger ist sie. Es gibt diesen Ausspruch von Cézanne: Zwei Kilo Blau sind sehr viel blauer als ein Kilo.

*

Es ist herrlich, einen Pinsel in Farbe zu tauchen und auf irgendetwas Zeichen zu setzen ... dieses Gefühl eines dicken Pinsels voller Farbe, wenn man etwas anmalt.

*

Wenn ich ein Gemälde betrachte, schaue ich zuerst auf die aufgetragene Farbe. Danach sehe ich vielleicht eine Figur oder was anderes. Aber zuerst sehe ich die »Oberfläche«.

*

Wenn du nicht mit dem richtigen Zeug malst, werden deine Bilder keinen Bestand haben. Das ist das ganze Geheimnis.

Egal, welches Material man verwendet, man muss sich daran anpassen. Mir hat es immer Spaß gemacht, die Materialien zu wechseln.

*

Ich nutze gern verschiedene Techniken. Mit einem kurzstieligen Pinsel zeichnet man anders.

*

Wenn man Drucke herstellt, fängt man an, in Schichten zu denken.

*

Beim Malen mit Aquarellfarben kann man die Spuren nicht verdecken. Es gibt dann die Entstehungsgeschichte des Bildes, und das Bild erzählt vielleicht noch eine andere Geschichte.

*

Sobald man Zeichen setzt, spielen sie mit der Oberfläche. Das Auge sieht das eine Zeichen eher als ein anderes, und so lassen sie Räumlichkeit entstehen.

*

In einer Zeichnung oder einem Gemälde können Stunden, Tage, Wochen oder auch Jahre stecken.

Es gibt ein van-Gogh-Gemälde, das mehrere Bäume zeigt, und eine Dame sagte mal zu mir: »Na, bei diesen Schatten hat er doch einen Fehler gemacht«. Sie dachte es sich wie ein Foto, auf dem es nur einen einzigen Zeitpunkt gibt.

*

Es macht mir nichts aus, allein zu sein und allein an vielen Ideen zu arbeiten.

*

Theater bedeutet Kompromisse; Teamarbeit bedeutet Kompromisse. Und man schließt Kompromisse und normalerweise funktioniert es.

*

Ich bin kein professioneller Bühnenbildner. Ein professioneller Bühnenbildner arbeitet nach Vorgabe.

*

Ich gehe davon aus, dass etwas, das mich interessiert, auch andere interessieren könnte. Wenn's nicht so ist, stört mich das nicht besonders.

*

Wenn man etwas aus dem lernt, was man tut, lässt man sich nicht dadurch beirren, dass jemand sagt, es sei keine Kunst.

Ich bin bereit,
mit Leuten
zusammenzuarbeiten,
aber ich habe kein
Interesse daran,
anderer Leute
Ideen zu illustrieren.

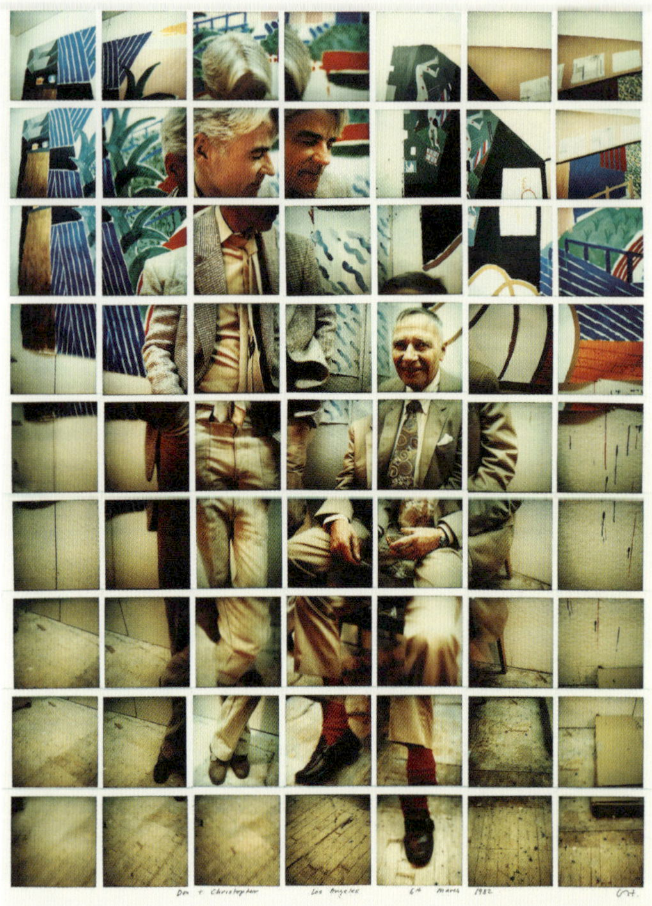

Don and Christopher, Los Angeles, 6th March 1982,
Komposit-Polaroid, 80 x 59,1 cm

1981 begann ich, mit der Polaroid-Kamera herumzuspielen und Collagen zu machen. Schon nach einer Woche waren sie ziemlich komplex geworden.
Das faszinierte mich, und ich steigerte mich da richtig rein.

Meine Polaroid-Collagen haben eine zeichnerische Grundlage. Sie besteht in der Beziehung der einzelnen Bildränder zueinander. Es geht um eine stimmige Raumgestaltung.

*

Als wir meine Foto-Arbeiten in New York zum ersten Mal zeigten, schrieb jemand: »Das hat er völlig falsch gemacht«. Ich fand: Das kann man so doch nicht sagen, denn man kann etwas nicht »falsch« machen.

*

Als meine Fotografie angegriffen wurde, zuckte ich nur mit den Schultern. Ich dachte nie ans Aufhören, bis ich selbst bereit war aufzuhören.

*

Vielleicht weiß man gar nicht genau, was in einem Bild vor sich geht. Woher sollten Sie das bei meinen Bildern wissen; woher sollte ich es wissen?

*

Ich bewahre Bilder, die ich gemacht habe, im Atelier auf. Man will sie sich doch ansehen. Und es dauert eine Weile, bis ich erkenne, was ich da wirklich gemacht habe, wie es funktioniert. Das nutze ich dann vielleicht bei etwas anderem.

Viele Maler bleiben bei dem, was sie gefunden haben. Mir ist es wichtig, immer wieder etwas Neues zu machen. Man muss weitergehen.

*

Ich bin ein eklektizistischer Künstler. Ich habe das Gefühl, dass mich inzwischen nichts mehr daran hindert, so gut wie alles zu malen.

*

Ich könnte den ganzen Tag damit zubringen, eine Tür nur mit einer einzigen matten Farbe zu bemalen.

*

Jeden Tag zu malen, ist nicht jedermanns Sache, aber mir gefällt's. Wenn man das macht, lebt man im Jetzt.

*

Die Probleme, die Welt zweidimensional abzubilden, werden immer bestehen. Man wird sie nie lösen.

*

So etwas wie Scheitern gibt es nicht; man lernt daraus und macht weiter.

*

Mein Gott, wenn du malen willst, dann mal doch.

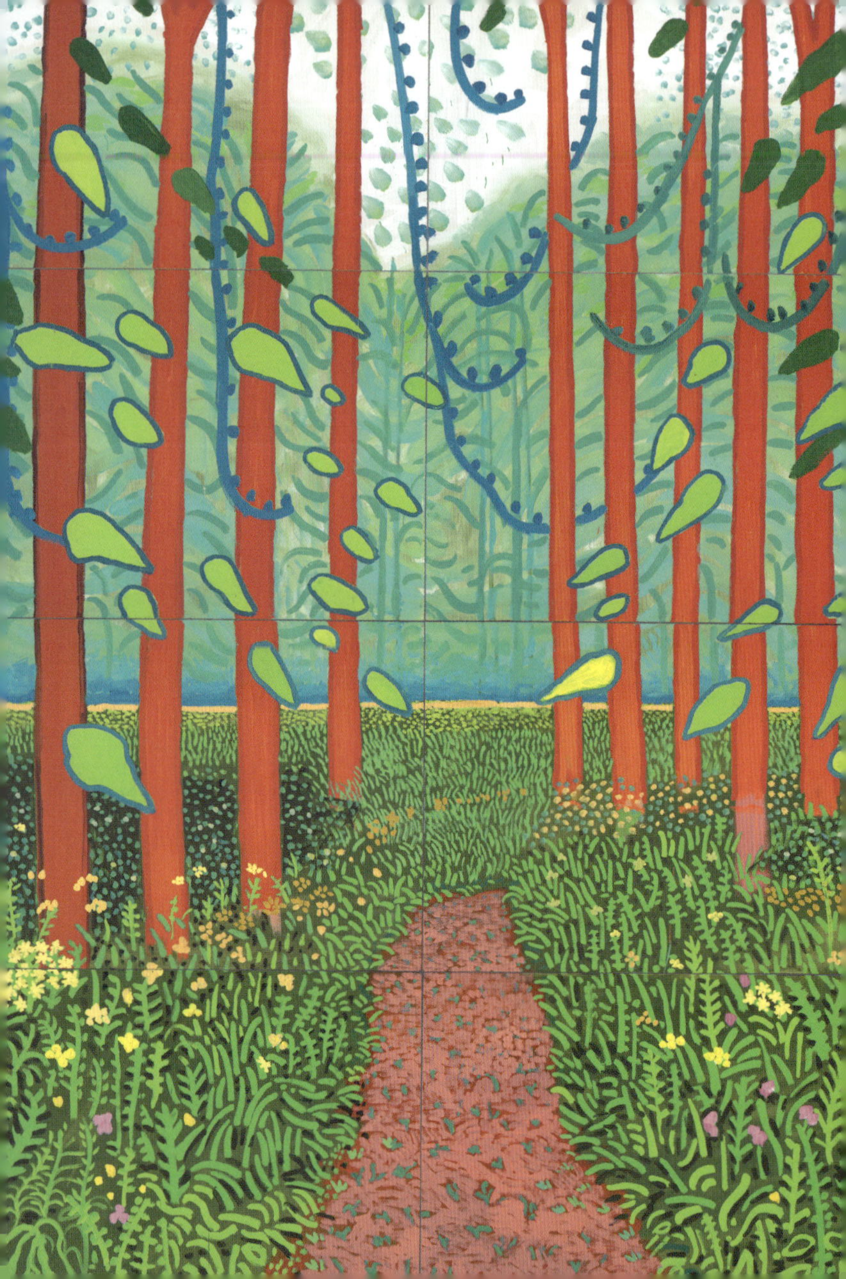

HOCKNEY
ÜBER
NATUR

Am Grand Canyon fand ich auch interessant, dass man, wenn man da an den Rand geht, nur schaut. Es gibt nicht viele Orte in der Natur, wo man das tut – einfach nur dastehen und schauen.

*

L. A. ist eine sehr grüne Stadt. Die Leute denken, da gäbe es nur Autobahnen und Beton, aber das stimmt nicht. Rund um mein Haus nahe dem Mulholland Drive leben wilde Tiere.

*

Regen ist ein gutes Sujet für mich.

*

Bäume sind faszinierend. Jeder ist anders, genau wie wir; jedes Blatt ist anders.

*

Wenn man von Bäumen umgeben ist und sie kennenlernt, indem man sie betrachtet, begreift man, warum sie auf eine bestimmte Weise gewachsen sind. Was der Grund dafür ist.

*

Bäume gehorchen nicht den Gesetzen der Perspektive, zumindest scheint es so, weil sie so kompliziert sind – mit Linien, die in verschiedenste Richtungen gehen.

Bäume üben einen großen Reiz aus. Das hängt bei mir mit dem bewussten Erleben von Räumlichkeit zusammen.

*

Bestimmte Stunden eignen sich am besten, um Bäume in ihrem Volumen zu erkennen. Die Sonne muss sehr, sehr tief stehen, damit das Licht auf die Stämme fällt.

*

Das frühe Morgenlicht ist sehr besonders; jeder, der viel schaut, weiß das.

*

Schatten sind mir schon immer aufgefallen, einfach deshalb, weil es in Bradford nicht viele gab.

*

Mir ist diese Landschaft [von East Yorkshire] sehr vertraut, seit ich Anfang der 1950er-Jahre in den Ferien hierherkam, um zu arbeiten. Ich half bei der Getreideernte. Gerste. Ich füllte sie in Säcke für den Transport nach Bridlington.

*

Als wir das erste Mal hier waren, erschienen mir die Hecken noch als ein einziges Wirrwarr. Dann begann ich, sie zu zeichnen. In anderthalb Stunden war das Skizzenbuch voll. Danach sah ich das Ganze viel klarer.

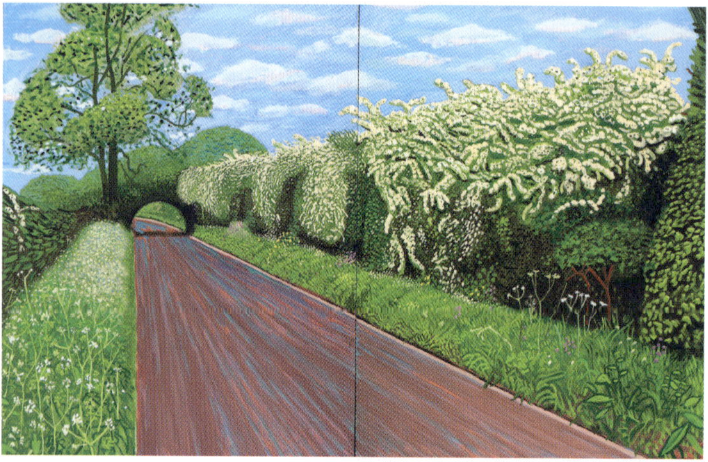

Hawthorn Blossom Near Rudston, 2008, Öl auf Leinwand, zwei Tafeln, Gesamtmaß 152,4 x 243,8 cm

Die Blüte dauert
nicht lange.
Hat man mit der
Natur zu tun,
gibt es Deadlines.

Die Hochphase der Weißdornblüte Ende Mai, Anfang Juni bedeutete zwei Wochen eines unvorstellbaren Wahnsinns.

*

Hier [in Yorkshire] dauert der Frühling gute sechs Wochen. In diesem Zeitraum habe ich 40 oder 50 Zeichnungen gemacht, vielleicht noch mehr. Ich war täglich draußen, ständig auf der Suche.

*

Manchmal schenken die Menschen dem Frühling einfach keine Beachtung.

*

Mit fortschreitendem Frühling wurde mir klar, dass ich dichter herangehen musste, denn das Wichtige war, was sich auf dem Boden abspielte.

*

Was ist in der Natur schon wirklich flach? Nichts.

*

Es gibt diesen Moment, wenn der Frühling voll da ist. Wir nennen das die »Erektion der Natur«. Jede Pflanze, Knospe und Blume scheint gänzlich aufgerichtet zu sein.

An einem nebligen Morgen haben wir viele Filmaufnahmen gemacht. Leichter Nebel lässt dich mehr sehen: eine zauberhafte Palette an Grüntönen, mehr Details des Wiesenkerbels.

*

Erst wenn man den Winter gesehen hat, begreift man den Reichtum des Sommers.

*

Ich musste mir den Teich etwa zehn Minuten anschauen, draußen im Regen, dann bin ich rein und habe ihn gezeichnet.

*

Es war nicht der Swimmingpool als solcher, der mich interessierte; es war das Wasser und die Transparenz. Die Linien tanzen auf der Oberfläche, nicht darunter. Genau das betrachtet man auch bei Teichen: die Oberfläche und die Tiefen.

*

Alles ist im Fluss. Auch das erklärt, warum eine Zeichnung im Gegensatz zu einem Foto so interessant ist. Ich mag Cézannes Ausspruch: »Man muss immer weitermalen, weil es sich ständig verändert.« Das tut es tatsächlich, weil wir uns ständig verändern.

Der Saum des Meeres ist lebendig, in ständiger Bewegung. Wenn man dort lebt, wird man von seinem Rhythmus beeinflusst. [In Malibu] saß ich in einem kleinen Zimmer, den Rücken zum Meer, und malte.

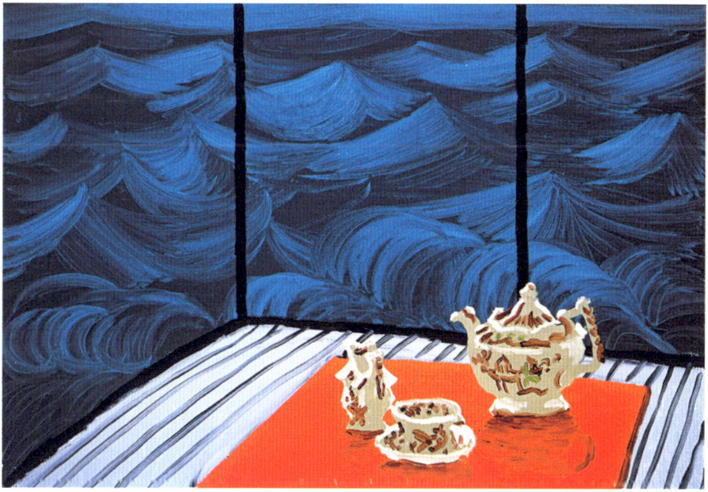

Breakfast at Malibu, Sunday, 1989, Öl auf Leinwand, 61 x 91,4 cm

Es war ein herrlicher Abend, man musste einfach nur dasitzen. Der sich wandelnde Himmel war fantastisch! Ein größeres Schauspiel kann es nicht geben.

*

Vom Küchenfenster aus kann ich den Sonnenaufgang betrachten. Kaum hat er begonnen, schiebt sich ein Goldbarren über den Horizont. Es ist ziemlich magisch.

*

Jedes Mal, wenn es Frühling wird, werde ich ganz aufgeregt ... Das ist ein großes Thema, mit dem ich mich bedenkenlos beschäftigen kann: die unendliche Vielfalt der Natur.

*

Ich habe noch nie eine hässliche Naturlandschaft gesehen. Einige Gegenden sind trostlos, aber selbst die sind von beeindruckender Schönheit.

*

Viele Menschen bezeichnen diese Wildblumen als Unkraut, aber viele Menschen würden es auch nicht merken, wenn sie mitten im Garten Eden stünden.

*

Im nächsten Frühling konzentriere ich mich vielleicht auf den Kirschbaum. Und werde ihn einfach täglich zeichnen.

Wir haben den
Kontakt zur
Natur verloren,
was ziemlich
dumm ist, denn
wir sind ja ein
Teil von ihr, nicht
etwas außerhalb.

Für einen
prächtigen
Sonnenaufgang
braucht es
Wolken,
nicht wahr?

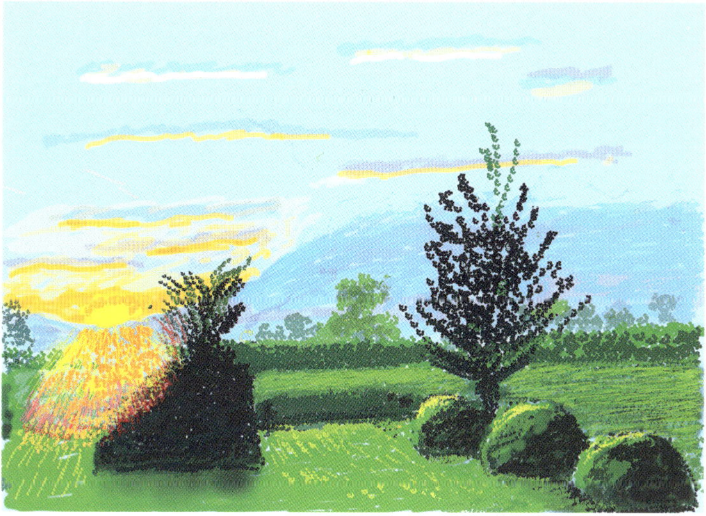

22nd April 2020, No. 2, iPad-Zeichnung

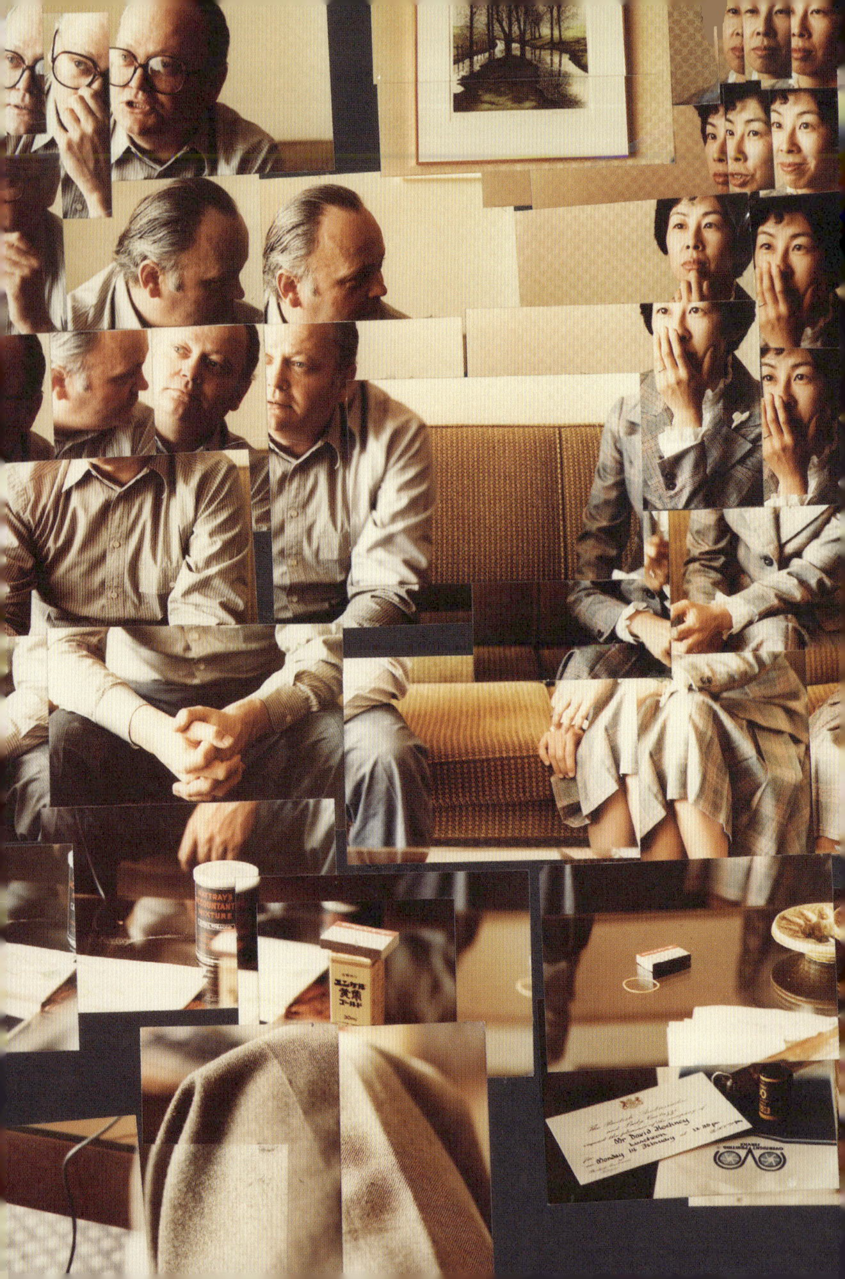
Mr David Hockney
Luncheon
Monday 14 February

HOCKNEY
ÜBER
FOTOGRAFIE

Manche Menschen halten Fotografie für die Wirklichkeit. Sie machen sich nicht klar, dass es nur eine andere Form der Abbildung ist.

Wenn ein Mensch eine Szene betrachtet, stellt er sich folgende Fragen: Was sehe ich als Erstes? Was sehe ich als Zweites? Was als Drittes? Ein Foto erfasst alles auf einmal – mit einem Klick des Objektivs von einem einzigen Blickwinkel aus.

*

Die Kamera sieht geometrisch. Wir nicht. Wir sehen teilweise geometrisch, aber auch psychologisch.

*

Fotografien erfassen Oberflächen, keinen Raum; der aber ist rätselhafter als Oberflächen.

*

Auf einer ebenen Fläche ist alles stilisiert; das gilt auch für ein Foto.

*

Der Geist der Fotografie ist viel älter als die Fotografie selbst.

*

Ich glaube, Menschen betrachten schon seit Hunderten von Jahren quasi fotografische Bilder.

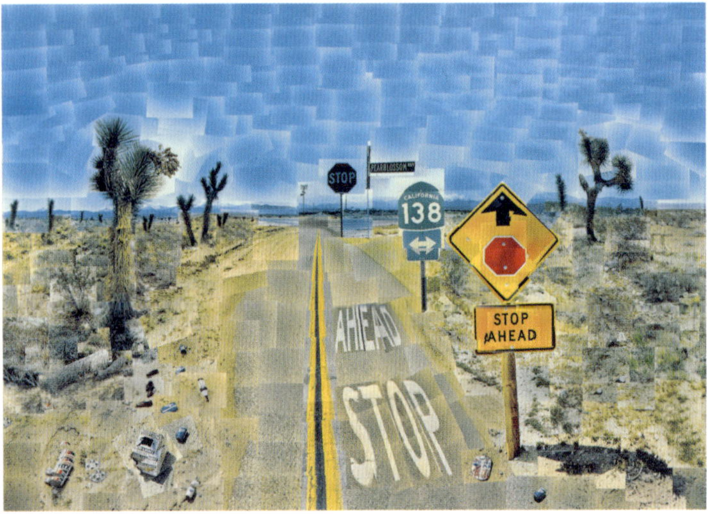

Pearblossom Hwy., 11–18th April 1986 (Second Version),
Fotocollage, 181,6 x 271,8 cm

Die meisten Menschen meinen, die Welt sehe aus wie auf dem Foto. Ich glaube, das ist beinahe so, aber nicht ganz. Und dieses kleine Bisschen macht einen riesigen Unterschied.

Regen lässt sich schwer fotografieren. Genauso wie Sonnenaufgänge, Sonnenuntergänge und der Mond ist Regen etwas, das man zeichnen muss.

Die Geschichte der Kunst verläuft durchweg gemütlich bis zur Erfindung der Fotografie. Dann wird sie ziemlich ungemütlich.

*

Van Gogh wollte sich nicht fotografieren lassen; er hielt nicht viel von der Fotografie. Ich vermute mal, er glaubte, dass die Welt so nicht aussehen würde.

*

Die Fotografie ist das Kind der Malerei.

*

Die Fotografie entstammt der Malerei, und soweit ich sehen kann, kehrt sie zu ihr auch wieder zurück.

*

Fotos von Gärten sind okay, aber Gemälde von Gärten sehen viel besser aus.

*

Fotos von Sonnenuntergängen sind immer Klischees, was daran liegt, dass sie nur einen einzigen Augenblick zeigen. Sie erfassen die Bewegung nicht und daher auch nicht das Räumliche. Gemalte Sonnenuntergänge fangen das ein.

Muster in Swimmingpools sind insofern besonders, als sie sich bewegen. Sie bleiben nicht gleich. Wenn Wasser sich stark bewegt und viel los ist, ist das Foto, das ja nur den Bruchteil einer Sekunde erfasst, in gewisser Weise unrealistisch. Wenn man Wasser malt, kommt man dem Seherlebnis näher.

*

Schauen wir durch einen Fotoapparat auf Dinge, sind wir uns der Ränder sehr stark bewusst. Es sind die Ränder, die die Komposition bestimmen, und was wir dort belassen, macht es uns möglich, Dinge in der Mitte zu sehen.

*

Die Fotografie ist das ultimative Renaissance-Bild, die mechanische Ausformulierung der Perspektivtheorien der Renaissance.

*

Wirklichkeit ist ein zweifelhafter Begriff. Sie ist ja nichts von uns Verschiedenes. Aber genau das macht ein Foto: Es trennt uns von der Welt.

Es gibt schrecklich viele Leute, die aufgehört haben, über Bilder nachzudenken – für die das Foto einfach die ultimative visuelle Wahrheit darstellt. Das ist es! Aber das ist »es« überhaupt nicht. Wirklichkeit und Wahrheit sind immer fragwürdige Begriffe.

*

Hast du dir mal *Hello* oder *OK* angesehen? Genau das ist mit der Fotografie passiert. Heutzutage ist alles geglättet, abgeschliffen. Hat man sechs Fotos von sechs Leuten, haben die alle denselben Ausdruck. Wenn man sich diese Fotos in 20 Jahren ansieht, wird man dann noch wissen, wer diese Leute waren? Nicht mal da bin mir sicher. Aber sie werden etwas über unser oberflächliches Zeitalter verraten.

*

Das, was man als »Fotografie« kannte, ist längst vorbei. Es währte rund 160 Jahre.

*

Wenn mir heute jemand erzählt, er sei Fotograf, weiß ich nicht genau, was er macht.

*

Heutzutage sind ja alle Fotografen, nicht wahr? Zeichnen ist da viel interessanter.

Es gibt keinen Grund, einem Foto mehr zu trauen als einem Gemälde.

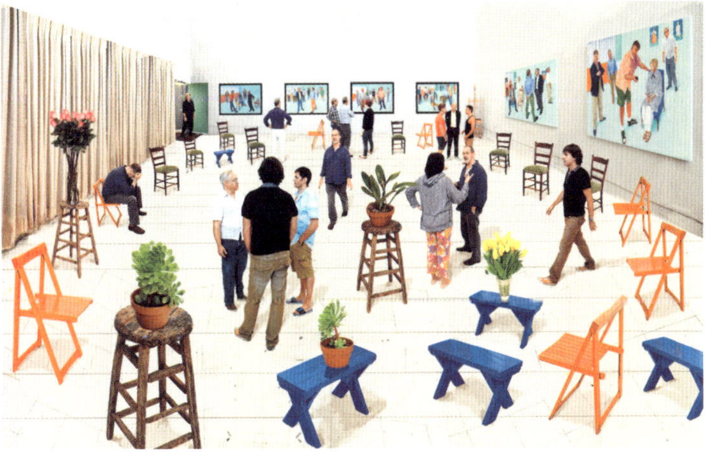

4 Blue Stools, 2014, fotografische Zeichnung

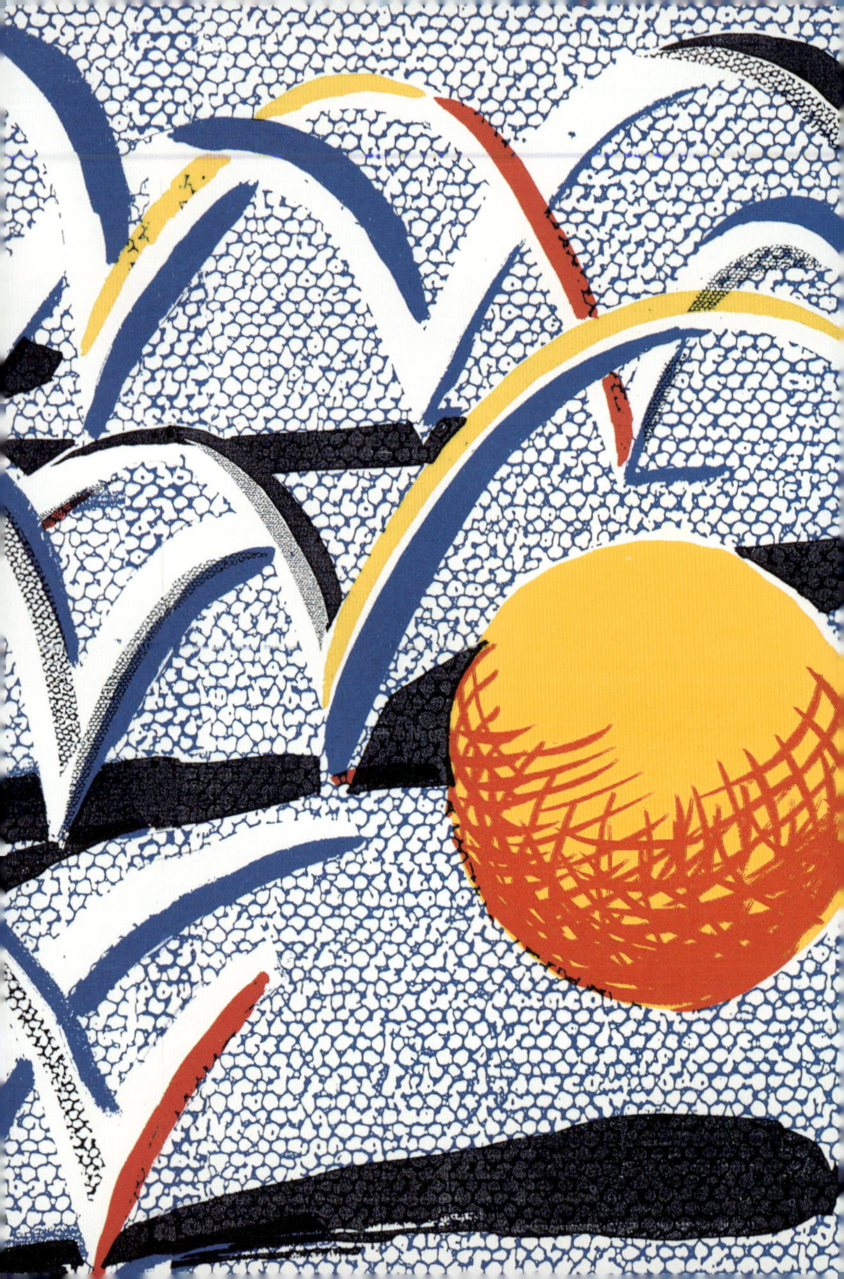

HOCKNEY ÜBER TECHNOLOGIE

Ich hatte noch nie etwas gegen neue Dinge. Ich probiere sie aus und schaue, ob sie mir nützlich sind … Kommt eine neue Technologie auf den Markt, bringt sie mich auf neue Ideen.

Mich fasziniert jede Technologie, die mit der Herstellung von Bildern zu tun hat: Druck, Kameras, Reproduktion an sich.

*

Ich habe große Veränderungen in der Drucktechnik miterlebt. Ich erinnere mich noch an Impressionismus-Bücher an der Kunstakademie, da musste man sich die Hände waschen, bevor man die anfassen durfte.

*

Die Technik erlaubt uns heutzutage alles Mögliche, aber ich glaube nicht, dass irgendjemand gedacht hätte, dass sie uns beim Malen helfen könnte.

*

Der Computer ist ein sehr gutes Werkzeug, aber um ihn richtig zu nutzen, braucht es Fantasie.

*

Ein Werkzeug zu verstehen heißt nicht, den Zauber der Schöpfung erklären zu können. Nichts kann das.

*

Technologie hat schon immer zur Kunst beigetragen. Auch der Pinsel ist ja ein Stück Technologie. Aber Werkzeuge schaffen keine Bilder. Das müssen Menschen tun.

Als ich herausfand, wie man mit Fotokopierern auch drucken konnte, war ich hellauf begeistert. Wie beflügelt habe ich damit alle möglichen Sachen gemacht.

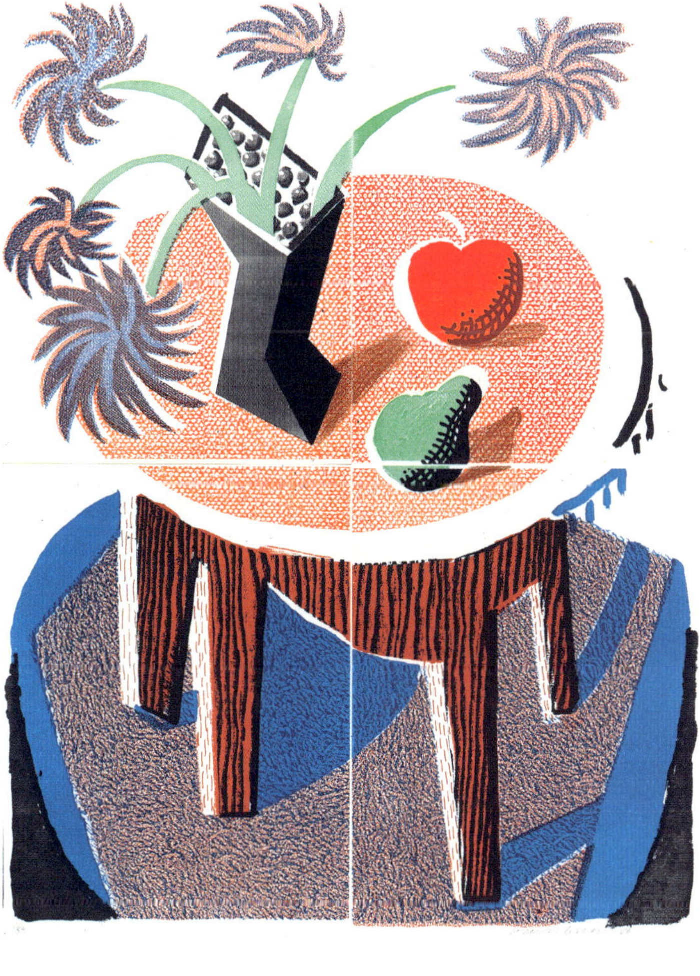

Flowers, Apple & Pear on a Table, July 1986, Homemade-Druck auf vier Blatt Papier, Gesamtmaß 55,9 x 43,2 cm

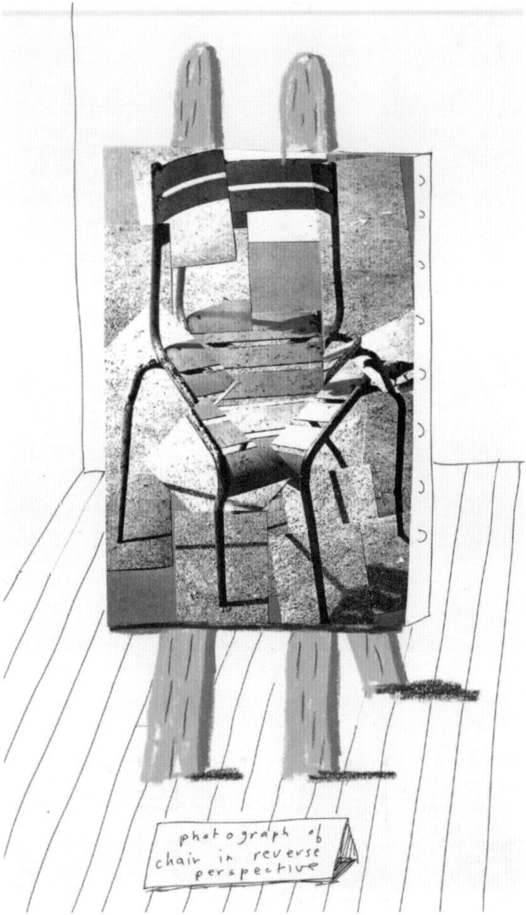

Photograph of Chair in Reverse Perspective, 1988, Originalvorlage für ein per Fax übermitteltes Kunstwerk: Laserkopie, Collage, Buntstift und Uni-ball-Stift auf Papier, 35,6 x 21,6 cm

Schlechte Druckmaschinen gibt es nicht. Selbst ein Faxgerät lässt sich auf wunderbare Weise verwenden.

Das Faxgerät ist für mich ein Beispiel moderner Technik, durch das Intimität wieder möglich wurde – die für mich das einzig Wirkliche ist.

*

Wenn man einmal erkannt hat, dass optische Geräte die Malerei beeinflusst haben und von Künstlern genutzt wurden, verändert das den eigenen Blick.

*

Optische Geräte setzen keine Zeichen – sie erzeugen nur ein Bild, einen Anblick. Es braucht großes Geschick, um dieses Bild in Malerei zu übertragen.

*

Hat Leonardo da Vinci für die *Mona Lisa* optische Geräte genutzt? Keine Ahnung. Aber ist die Vorstellung so abwegig, dass er gesehen hatte, wie schön das projizierte Bild war, und er diesen Anblick eigenhändig nachahmen wollte?

*

Caravaggio schuf seine Bilder, indem er mithilfe einer Kamera zeichnete. ... Seine Gemälde sind quasi Collagen verschiedener Projektionen.

Neue Technologien haben Bilder schon immer verändert. Jetzt gibt es die Digitaltechnik. Damit kann man erstaunliche Sachen machen. Die Digitaltechnik hat uns befreit.

*

Photoshop ist ein tolles Medium. Du schaust nicht auf deine Hand, sondern auf den Bildschirm. Manches fehlt – zum Beispiel die Textur –, aber man gewinnt auch eine Menge.

*

Ich glaube, die Leute interessieren sich für meine iPhone- und iPad-Zeichnungen, weil sie wissen, dass sie per Hand gemacht sind.

*

Das iPhone lässt dich verwegen werden, und das fand ich sehr gut.

*

Das iPad kann sein, was du möchtest, dass es ist; Picasso hätte damit irre Sachen angestellt.

*

Das iPad ist ein wirklich neues Medium. Man vermisst den Widerstand des Papiers ein wenig, aber man kann etwas wunderbar Fließendes hinbekommen. Es eröffnet so viele Möglichkeiten.

Ich zeichne täglich Blumen auf meinem iPad und schicke sie meinen Freunden, sodass sie jeden Morgen frische Blumen erhalten.

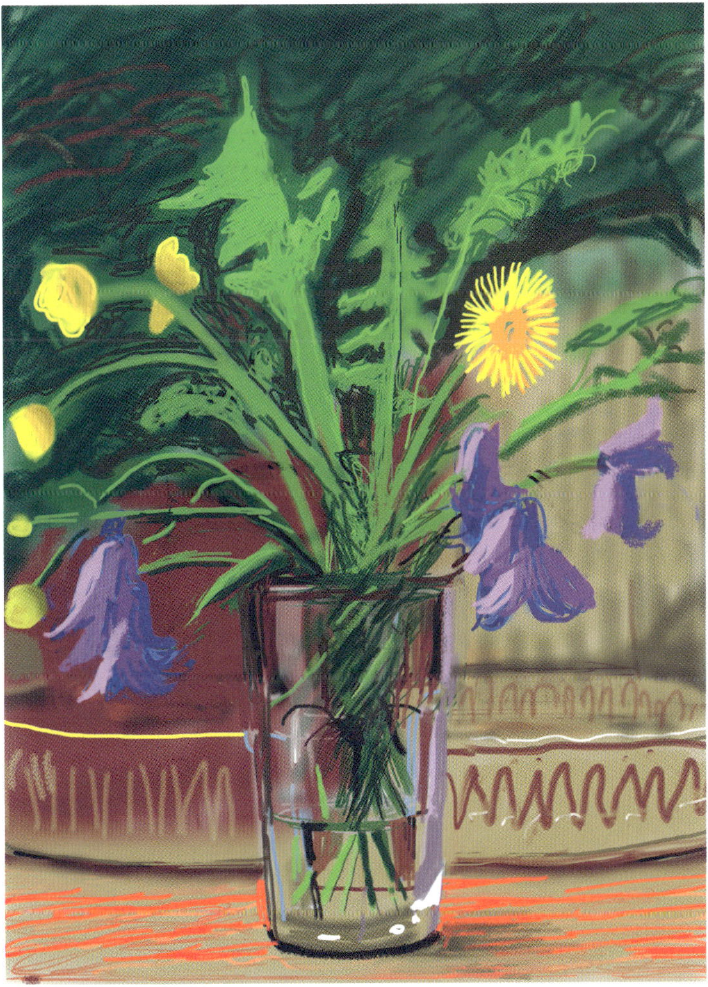

Dandelions, 2011, iPad-Zeichnung

Auf dem iPad kann ich das Licht sehr schnell einfangen. Es ist wohl das schnellste Medium, das ich je hatte, viel schneller als Aquarellfarbe.

*

Man kann das iPad nicht überarbeiten, weil es keine echte Oberfläche ist. Man kann ein zartes Blau über ein kräftiges Gelb legen. Aber man muss immer noch in Schichten denken.

*

Bis ich die Entstehung meiner Zeichnungen auf dem iPad sah, hatte ich mich nie selbst zeichnen gesehen. Wer mir dabei zusähe, würde sich stets auf den Moment konzentrieren, während ich dabei immer ein wenig vorausdenke.

*

Als ich gebeten wurde, ein Buntglasfenster für Westminster Abbey zu gestalten, machte ich zunächst eine Skizze auf dem iPad. Womöglich wird es länger erhalten bleiben als jedes andere meiner Bilder. Die Abbey steht schon 1000 Jahre; vielleicht ist sie im nächsten Jahrtausend noch immer da.

*

3D-Fernsehen hat mich nicht beeindruckt. Ich fand, dass es wohl toll für Pornos wäre, weil man einen direkten Eindruck der Volumen bekommt ... aber für viel mehr auch nicht.

Man kann jetzt, wenn man will, in einer virtuellen Welt leben, und dort werden die meisten Menschen vielleicht auch landen, in einer Welt der Bilder.

*

Einst waren Bilder rar; heute gibt es jährlich Milliarden davon.

*

In der digitalen Welt gibt es viele handgemachte Bilder.

*

Hand, Herz und Auge sind komplexer als jeder Computer.

*

Hightech braucht Lowtech – sie sind auf ewig verbunden.

*

Ich habe das iPad ein wenig satt. Ich habe mit ihm eine Menge gelernt, darüber, wie man Zeichen auf dem iPad erstellt, aber dann wollte ich wieder Zeichen in Gemälde setzen.

*

Am Ende muss man immer zurück ans Zeichenbrett. Immer. Selbst am Computer muss man zurück ans Zeichenbrett.

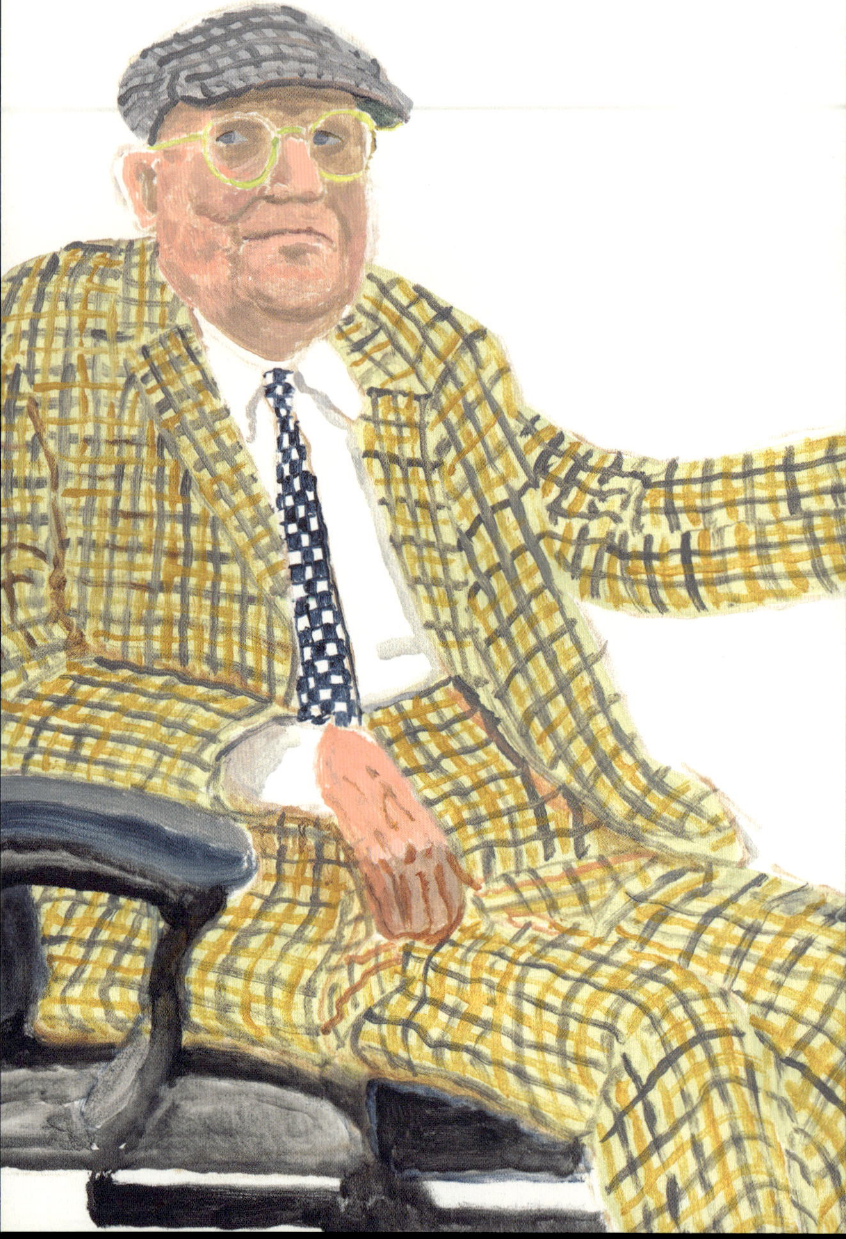

HOCKNEY ÜBER HOCKNEY ...*HEUTE*

Vielleicht werden Künstler so alt, weil sie nicht so viel über ihren Körper nachdenken.

*

Ich rauche noch immer und genieße es »außerordentlich«.

*

Ich liebe Tabak ganz einfach und werde weiter rauchen, bis ich umfalle. Wir sind alle verschieden, wie Bäume, und ich bin mir absolut sicher, dass ich sterben werde. Ich bin mir sogar hundertprozentig sicher, dass ich an einer vom Rauchen verursachten Krankheit oder an einer nicht vom Rauchen verursachten Krankheit sterben werde.

*

Ich wache auf, wenn es hell wird; ich lasse die Vorhänge auf.

*

Ich bin sehr tageslichtempfindlich. Darum trage ich auch immer Hüte – damit mich das grelle Licht nicht so blendet.

*

Ich finde, mit dem Alter wird das Leben immer interessanter.

*

Mit jedem Lebensjahr bemerkt man »mehr«. So geht es mir gerade.

Ich liebe das Leben.

*

Ich kann mich an den kleinen Dingen des Lebens erfreuen. Ich kann mich amüsieren … ich brauche keinen Zeitvertreib, ich brauche ein Projekt.

*

Eine Freundin plante einen Besuch bei mir und fragte: »Wo ist dein Terminkalender?« Ich sagte: »Ich habe keinen Terminkalender, weil der immer schon voll ist.«

*

Ich gehe nicht viel aus, aber ich habe gerne Menschen um mich, habe gern Besuch.

*

Ich mag es, wenn Leute zu Besuch kommen und bleiben. Ich bin nicht asozial. Ich bin nur ungesellig.

*

Ich bin niemand, der sich mit Leuten überwirft. Es gibt Leute, die ich nicht mehr sehe, da sie so langweilig sind.

*

Mittlerweile treffe ich nicht mehr so viele Künstler. Ich kümmere mich nur noch um mein eigenes Werk.

Ich habe mich in
ein hübsches Haus
in der Normandie
zurückgezogen,
wo ich rauchen und
machen kann,
was ich will.
Und da werde ich
erst mal bleiben.

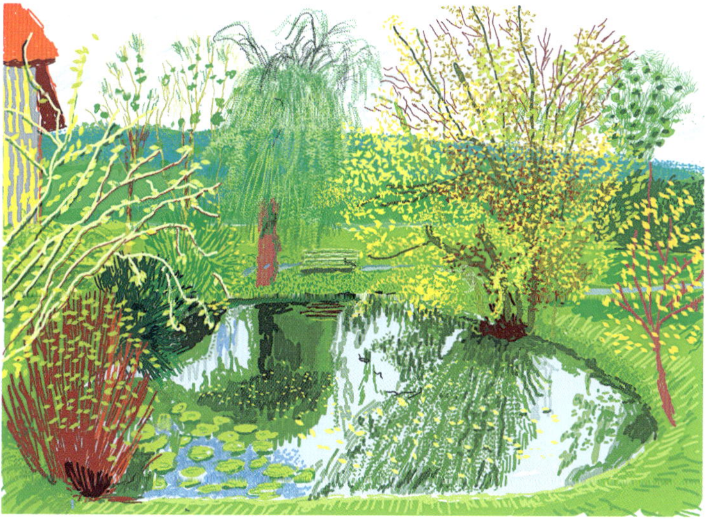

1st November 2020, iPad-Zeichnung

Die beste Art zu leben, die ich kenne, ist die von Monet – ein bescheidenes Haus in Giverny, eine sehr gute Küche, zwei Köchinnen, Gärtner, ein herrliches Atelier. Was für ein Leben! Er hat nichts weiter gemacht, als seinen Seerosenteich und den Garten zu betrachten.

*

Auf die Frage, wo mein Zuhause ist, würde stets antworten: Wo immer ich gerade bin.

*

Ich mag Stille und ich mag Einsamkeit. Darum bin ich nicht so versessen auf die Großstadt … In L. A. herrscht ständige Unruhe. In New York ist es noch schlimmer. Wenn es sich vermeiden lässt, möchte ich da nie wieder hin. Das ist kein Ort für jemanden meines Alters. Ich könnte dort nie arbeiten – dauernd käme jemand zu Besuch.

*

Ich leide unter dem Drang, wie ein Vogel aus großer Höhe hinabzuspringen. Es ist ein unglaublich physisches Gefühl, im ganzen Körper. Was ist das? Ist es der Wunsch zu fliegen? Ist es der Wunsch, eine größere Freiheit zu spüren?

*

Ich kann ziemlich lange ignorieren, was andere Leute sagen. Ich bin sehr selbstbewusst.

Ich habe wohl eine Abneigung gegen die breite Masse. Wenn die breite Masse in eine Richtung geht, sagt mir mein Instinkt: »David, geh in die andere Richtung«.

*

Ich gehe nie in Kneipen, weil sie dann, wenn ich hingehen wollte, schon schließen.

*

Ich bin ein furchtbarer Lehrer.

*

Ich bin eher dagegen, dass Maler in Katalogen große polemische Äußerungen von sich geben.

*

In England beschweren sich die Leute nicht genug. Ich beschwere mich ständig.

*

Ich lasse Politik Politik sein. Es interessiert mich nicht genug. Mich interessieren andere Dinge.

*

Zu meiner Aufgabe als Künstler gehört es auch zu zeigen, dass Kunst Verzweiflung lindern kann.

Es ist die Pflicht eines Künstlers, sich Gedanken über die Welt zu machen.

*

Neugier hält dich auf Trab.

*

Dass man frech ist, bedeutet noch lange nicht, dass man nicht ernsthaft ist.

*

Ich kann ehrlich sagen, dass ich in den vergangenen 60 Jahren jeden Tag gemacht habe, was ich wollte. Das können nicht viele Leute von sich behaupten.

*

Ich kann mich für meine eigenen Bildern begeistern. Wenn man das nicht könnte, würde man es doch sein lassen, oder?

*

Ich hätte nie gedacht, in diesem Alter noch mit so viel Ehrgeiz zu malen.

*

Es ist mir bewusst, dass ich ein ziemlich beliebter Künstler bin. Ich denke, das liegt daran, dass meine Malerei auf vielen Ebenen funktioniert. Ich denke darüber nicht groß nach.

Ich sinniere nicht allzu viel. Ich lebe jetzt. Es ist immer jetzt.

*

Ich lebe so, wie schon seit Jahren. Ich bin nur ein Arbeiter. Künstler sind das.

*

[Ich habe oft gesagt], dass ich immer arbeite. Ich weiß, dass einige Leute denken, ich verbrächte meine Zeit damit, zu schwimmen oder in Nachtklubs zu tanzen. Ist schon okay. Aber es stimmt nicht. Die meiste Zeit arbeite ich, weil ich es spannend finde und es mir großen Spaß macht.

*

Ich sitze viel im Atelier und lasse die Bilder auf mich wirken. Ich bin gerne dort. Ein Bett im Atelier wäre mir ganz recht.

*

Die Arbeit ist vorbei, wenn man umfällt. Und genau das wird passieren. Eines Tages werde ich einfach umfallen.

*

Die meisten Künstler werden vergessen werden. Das ist ihr Schicksal. Vielleicht auch meins. Ich weiß es nicht. Noch bin ich nicht vergessen. Es wäre okay, wenn ich's wäre. Ich bin mir nicht sicher, ob es so wichtig ist.

Ich möchte meine
Zeit jetzt damit
verbringen,
in Ruhe meine
Arbeit zu tun.
Ich habe noch
eine Menge vor.

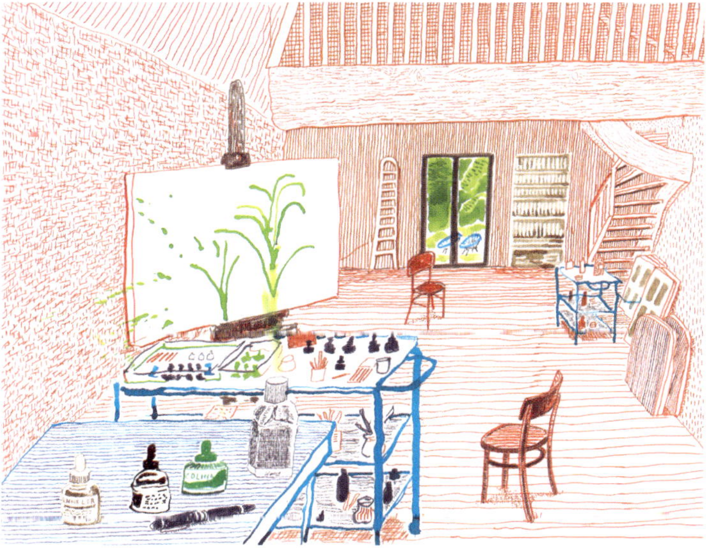

In the Studio, 2019, Tusche auf Papier, 57,5 x 76,8 cm

QUELLEN

David Hockney, *David Hockney by David Hockney*, London 1977

David Hockney, *That's the Way I See It*, London 1993

David Hockney, *Secret Knowledge*, London 2001

David Hockney, *Hockney's Pictures*, London 2004

Martin Gayford, *A Bigger Message: Conversations with David Hockney* , London 2011

Tim Lewis, »David Hockney: ›When I'm working, I feel like Picasso, I feel I'm 30‹«, in: *Guardian*, 16. November 2014

Simon Hattenstone, »David Hockney: ›Just because I'm cheeky, doesn't mean I'm not serious‹«, in: *Guardian*, 9. Mai 2015

Rory Carroll, »David Hockney does LA again, but differently: ›I stay in, I smoke, I feel OK‹«, in: *Guardian*, 16. Juli 2015

»David Hockney Paints Yosemite — on an iPad«, in: *New York Times*, 2 Mai 2016

David Hockney und Martin Gayford, *A History of Pictures From the Cave to the Computer Screen*, London 2016

Gay Alcorn, »David Hockney: ›I wasn't keen on Hillary when she banned smoking in the White House‹«, in: *Guardian*, 11. November 2016

Deborah Solomon, »David Hockney, Contrarian, Shifts Perspectives«, in: *New York Times*, 5. September 2016

Kirsty Lang, »David Hockney talks marijuana, cheating death and his new passion«, in: *The Times*, 8. Februar 2020

Jack Malvern, »The secret to feeling young? Painting and sex, says David Hockney«, in: *The Times*, 3. August 2020

David Hockney und Martin Gayford, *Spring Cannot be Cancelled: David Hockney in Normandy*, London 2021; dt. Ausgabe: *Frühling wird es sicher wieder. David Hockney in der Normandie*, München 2021

Jonathan Jones, »David Hockney on joy, longing and spring light: ›I'm teaching the French how to paint Normandy!‹«, in: *Guardian*, 10. Mai 2021

Françoise Mouly, »David Hockney Rediscovers Painting«, *in: New Yorker*, 17. Februar 2022

Waldemar Januszczak, »David Hockney: ›I want to get on with my work‹«, in: *Sunday Times*, 13. März 2022

Jonathan Jones, »David Hockney: ›My era was the freest time. I now realise it's over‹«, in: *Guardian*, 6. Juli 2022

Melvyn Bragg, »David Hockney: ›All I need is the hand, the eye, the heart‹«, in: *Sunday Times*, 20. August 2023

ILLUSTRATIONEN & FOTONACHWEIS

Seite 2: *Self Portrait III, 20th March 2012*, iPad-Zeichnung

Seite 12: *Self Portrait*, 1954, Öl auf Karton, 45,7 x 35,6 cm (Detail)

Seite 38: *Santa Monica Boulevard*, 1978–1980,
Acryl auf Leinwand, 226 x 614,7 cm (Detail)

Seite 60: *Kerby (After Hogarth) Useful Knowledge*, 1975,
Öl auf Leinwand, 182,9 x 152,4 cm (Detail)

Seite 82: *Cyclamen, Mayflower Hotel, New York*, 2002,
Aquarell und Frabstift auf Papier, 50,8 x 35,6 cm (Detail)

Seite 96: *Self Portrait with Charlie*, 2005,
Öl auf Leinwand, 182,9 x 91,4 cm (Detail)

Seite 122: *The Arrival of Spring in Woldgate, East Yorkshire in 2011 (twenty eleven)*, Öl auf 32 Leinwänden, je 91,4 x 121,9 cm,
Gesamtmaß 365,8 x 975,4 cm (Detail)

Seite 136: *Paul Explaining Pictures to Mie Kakigahara, Tokyo, Feb. 1983*, Fotocollage, 88,9 x 114,3 cm (Detail)

Seite 148: *Bradford Bounce, Feb. 1987*,
Farbkopie in zwei Teilen, 38,1 x 55,9 cm (Detail)

Seite 162: *Self-Portrait, 10th December, 2021*,
Acryl auf Leinwand, 91,4 x 76,2 cm (Detail)

*

Seite 17, 46, 65, 78, 87, 106, 131: Privatbesitz
Seite 23: Foto Paul Oszvald. Hamburger Kunsthalle
Seite 12, 82, 126, 136, 153, 173: Foto Richard Schmidt. Privatbesitz
Seite 26, 31, 55, 113: Foto Tate
Seite 36: Foto Richard Schmidt. The David Hockney Foundation
Seite 38, 154: Foto David Egan. The David Hockney Foundation
Seite 60: Foto Prudence Cuming Associates. Museum of Modern Art, New York
Seite 75: Foto Prudence Cuming Associates
Seite 90: Ludwig Museum, Budapest
Seite 93: Foto Steve Oliver. Privatbesitz
Seite 96: Foto Richard Schmidt. National Portrait Gallery, London
Seite 118: Foto David Egan. Sammlung des Künstlers
Seite 122: Foto Richard Schmidt. Centre Pompidou, Paris.
Musée national d'art moderne – Centre de création industrielle
Seite 140: J. Paul Getty Museum, Los Angeles
Seite 162: Foto Jonathan Wilkinson. Sammlung des Künstlers

DAVID HOCKNEY ist einer der am meisten gefeierten Künstler unserer Zeit. Er hat in fast allen Medien gearbeitet – Malerei, Zeichnung, Bühnenbild, Fotografie und Druck – und deren Grenzen ausgelotet. Der 1937 geborene Künstler schafft nach wie vor neue Werke, die auf Ausstellungen gezeigt werden und weltweit große Bewunderung und Zuneigung hervorrufen.

MARTIN GAYFORD ist Kunstkritiker und Autor renommierter Bücher über van Gogh, Constable und Michelangelo. Zusammen mit David Hockney sind auf Deutsch von ihm bereits erschienen: *A Bigger Message. Gespräche mit David Hockney* (2012), die Kunstgeschichte *Welt der Bilder. Von der Höhlenmalerei bis zum Screen* (2016) und *Frühling wird es immer wieder – David Hockney in der Normandie* (Prestel 2021).

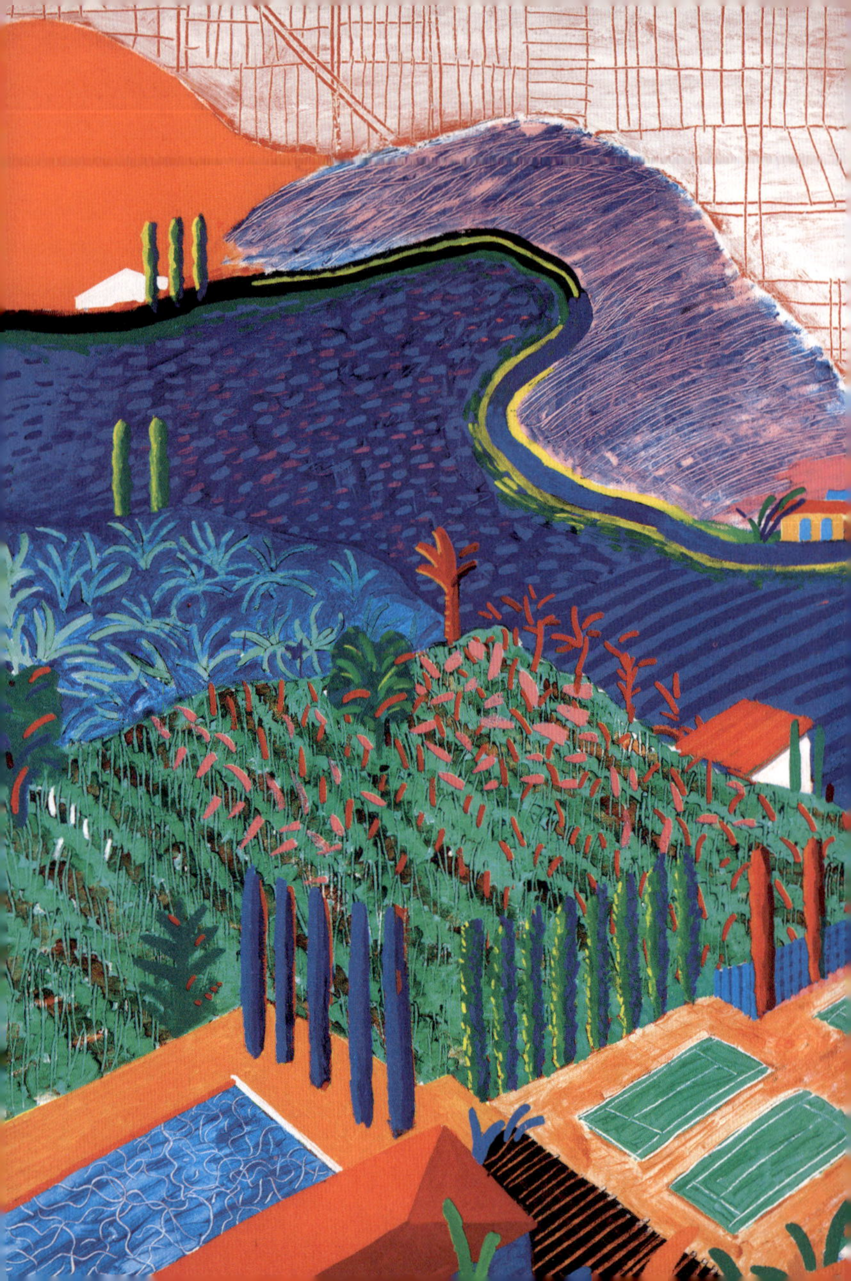